불온한 시대의 자화상

# 난 심연수 다

권현희 지음

비비트리북스

## 들어가며

　《죄와 벌》의 작가 도스토예프스키는 28살 때 사형 선고를 받았습니다. 영하 50도의 얼어붙은 땅 위에서 죽음의 공포와 싸우던 그는, 이렇게 일찍 죽을 줄 알았다면 왜 그렇게 시간을 낭비하며 살았는가 후회했습니다. 눈에 천이 씌워졌고, 철커덕! 총알이 장전되는 소리가 들렸습니다. 담담히 죽음을 받아들이려는 찰나, 말발굽 소리와 함께 함성이 들려왔습니다. 사형을 멈추라는 러시아 황제의 칙령을 가지고 사람들이 온 것입니다. 도스토예프스키는 기적처럼 죽음에서 삶으로 돌아왔습니다. 그 후로 그는 죽을 때까지 그때의 심장 떨림을 기억하며 살았다고 합니다. 삶을 낭비하지 않기 위해 쓰고, 또 쓰다가 60세에 세상을 떠났습니다.

우리 문학사를 돌아보면 도스토예프스키와 달리, 20대에 다가온 죽음의 전령사를 피하지 못한 문인들이 많습니다. 먼저 29살에 컴컴한 영화관에서 쓸쓸하게 죽어간 기형도 시인이 떠오릅니다. 기형도 시인의 이름 앞에는 '요절 시인'이라는 타이틀이 깃발처럼 나부낍니다. 그가 남긴 시들을 모은 유고 시집 《입 속의 검은 잎》이 발간되었고, 살아 생전 지하 단칸방에서 외로이 웅크려 쓴 시들은 죽은 다음에야 주목을 받기 시작했습니다. 그가 시인으로서 짧은 삶을 살다 간 흔적들을 한자리에 모아 놓은 〈기형도 문학관〉이 경기도 광명에 세워졌습니다. 기형도 시인의 삶을 들여다보면 다른 시대를 살았던 요절 시인 윤동주의 그림자가 어른거립니다. 기형도 시인이 연세대 3학년이던 1982년에 〈윤동주 문학상〉을 받았다는 사실입니다.

　윤동주 역시 20대에 죽음을 맞았습니다. 기형도와 같은 나이인 29살에 일본의 감옥에서 죽은 윤동주 시인. 그의 이름 앞에는 요절이란 말 대신 '국민 시인'이라는 깃발이 더 높게 휘날리고 있습니다. 하늘을 우러러 한 점 부끄럼 없이 살려고 노력했지만, 일제 강점기라는 시대적인 불운을 만났던 윤동주 역시 '젊은 죽음'을 맞고 말았습니다. 그러나 그는 사후에 화려하게 부활했습니다. 윤동주의 짧은 생은 한 편의 영화가 되기도 했고, 화려한 뮤지컬 무대에 오르기도 했습니다. 윤동주는 죽은 후에 많은 사람들로부터 사랑과 존경을 받는 국민 시인이 되었으며, 그의 이름을 딴 문학관뿐만 아니라 기념관까지 세워졌습니다.

윤동주와 동시대를 살다 간 또 한 명의 불운한 남자가 있습니다. 윤동주보다 6개월 늦게 태어났고, 윤동주보다 6개월 뒤에 죽은 남자. 중국 용정의 부유한 기독교 집안에서 자란 윤동주와 달리, 강원도 강릉의 가난한 소작농 집안에서 태어나 연해주와 북간도를 떠돌며 청소년기를 보낸 남자. 윤동주와 같은 시기에 용정에서 학교를 다니며, 나라 잃은 설움을 시 창작으로 달랬던 남자. 학창 시절 신문에 시를 발표하면서 '미남 시인'으로도 소문이 자자했던 남자. 일본으로 유학 떠나 윤동주와 같은 하늘 아래에서 시를 쓰며 나라 잃은 울분을 삭혔던 남자. 일제에 저항하다 해방되기 6개월 전 감옥에서 숨진 29살의 윤동주와 달리, 해방을 불과 일주일 앞두고 중국 땅에서 일제의 총에 맞아 객사한 28살의 남자. 그 남자는 당시 결혼한 지 4개월밖에 되지 않은 새신랑이었고, 신혼의 아내 배 속에는 이 남자의 아들이 자라고 있었습니다.

그의 이름은 심연수입니다. 윤동주는 죽고 나서 바로 '민족 시인'의 반열에 올랐지만, 심연수는 죽고 나서 무려 55년이나 지난 후에야 '저항 시인'으로 중국과 한국에서 알려지기 시작했습니다. 윤동주와 심연수는 중국 용정에서 각각 다른 학교에 다니고 있었기 때문에 교류가 있던 사이는 아니었을 겁니다. 그러나 당시 만주에서 발행하는 신문과 잡지에 그들이 쓴 시 여러 편이 실렸기 때문에 서로의 존재를 잘 알고 있었을 것입니다. 아쉽게도 살아 생전 두 시인이 함께 했다는 기록을 찾지 못했습니다.

그런데 지금으로부터 20년 전인 2000년, 두 사람은 중국 연변의 한 신문 기사에서 운명적인 만남을 갖게 됩니다.

'삶도 문학도 윤동주와 닮은 꼴, 55년만에 제2의 윤동주가 나타났다!
시인 심연수가 바로 그 주인공이다.'

심연수 시인이 죽은 지 55년만에 그가 학창 시절에 써 두었던 시와 수필, 일기, 소설 등이 한꺼번에 모습을 드러냈습니다. 심연수 시인의 친동생이 오랫 동안 보관해온 육필 원고가 우리나라 어느 문인의 눈에 띄게 된 것입니다. 중국 연변의 조선족 문단과 국내 문단과의 문화 교류에 관심을 가진 시인이자 사업가인 이 사람이 심연수를 캐어내기 시작했습니다. 육필 원고 발굴 현장에는 이 후원자 외에도 국내 명망 있는 여러 문학평론가들과 탐사보도 전문 방송팀이 함께 동행했습니다. 그들은 빛바랜 원고지 속에 담긴 20대 청년의 목소리를 읽고 또 읽었습니다.

발굴 작업 참여자 중에는 당시 중앙대 문예창작과 교수이면서 문학평론가로 왕성한 활동을 하고 있던 임헌영 교수도 있었습니다. 현재 〈민족문제연구소〉 소장으로 있는 임 교수는 일제 강점기를 살았던 20대 젊은 청년이 쓴 시들을 꼼꼼하게 읽고나서 이렇게 평가했습니다.

"일제가 우리말 말살 정책을 시행했던 1940년대는 우리 문학사적으로 암흑기입니다. 그런 어둠 속에서 우리 민족의식을 또렷하게 노래했다는 것 자체가 일대 사건이 아닐 수 없습니다. 심연수의 어떤 시는 이육사의 의지와 닮은 결연성이 돋보입니다. 우리 근대 시문학사에서 이만큼 자기 헌신의 시를 찾기는 그리 쉽지 않을 것입니다."

심연수라는 '미완의 삶'을 재구성하는 발굴팀의 작업은 서울과 중국, 일본 세 나라를 옮겨 다녀야 하는 대장정이었습니다. 가족과 동창생을 만나 증언을 듣고, 심연수가 졸업한 학교를 찾아가 학적부를 뒤져보는 등 힘든 고증 작업을 거친 후에야 '사료적 가치'가 충분히 있다는 판단을 내렸다고 합니다. 이렇게 하여 '심연수의 삶과 문학'이 55년만에 지하에서 비로소 땅 위로 올라오게 되었습니다. 이후 중국과 한국의 문화 교류 사업 중의 하나로《심연수 문학 사료집》이 나오면서 언론에서도 그의 이름을 주목하기 시작했습니다. 2000년 8월의 일입니다. 그 당시 필자도 사료집 출간의 여러 후원자들 중 한 명으로 이름을 올리면서 심연수 시인과 인연을 맺었습니다. 그로부터 이십 년이 흐른 지금, 이제야 심연수와 독대하게 되었습니다.

사진 속의 그는 항상 꽉 다문 입술입니다. 눈빛은 한겨울 밤하늘에 떠 있는 달처럼 차갑게 빛납니다. 요즘 20대 청년과 비교하면 글 속에 나타나 있는 그의 20대 청춘은 무척 어른스럽습니다. 강인한 얼굴 윤곽선은 호방함과 결연함이 느껴지는 그의 글과 닮았습니다. 또 젊은 날에 비극적인 최후를 맞은 삶을 예고하는 듯, 장엄함과 비장함도 그의 글 속에 담겨 있습니다. 서정성이 강한 윤동주의 시를 읽을 때와는 사뭇 다른 느낌을 받습니다.

그의 글이 세상 밖으로 나오자 '제2의 윤동주 발굴'이라는 제목이 들어간 기사들이 국내 언론에도 차츰 실리게 되었습니다. 심연수 시인을 재조명 해보자는 움직임이 불같이 일어났습니다. 심연수 시인이 태어난 고향인 강릉의 삼척 심씨 문중에서도 큰 관심을 가지고 계속 그 불을 지펴왔습니다. 그 결과 시인의 생가가 있던 강릉 경포 호수 부근에 시비가 세워지게 되었고, 〈심연수 학술 세미나〉도 여러 차례 열렸습니다. 또한 〈심연수 전국 시 낭송 대회〉도 2006년 이후 매년 열리고 있으며, 〈심연수 문학제〉와 〈심연수 문학상〉이 제정되어 여러 명의 문인이 수상하였습니다. 2018년에는 심연수 시인 탄생 100주기를 맞이하여 강릉에서 대대적인 기념 행사가 열렸습니다. 지금도 시인 심연수의 문학과 삶이 지닌 의미를 되새기고, 그 가치를 보존하기 위한 노력이 계속되고 있습니다.

그러나 시인 심연수를 조명하는 작업은 그의 고향 강릉을 중심으로 펼쳐지고 있을 뿐, 전국적인 관심을 받지 못하고 있음이 못내 아쉬웠습니다. 많은 사람들에게 그는 아직도 땅 속에 묻혀 있는 무명 시인에 불과합니다. 시인 윤동주는 죽고 나서 곧바로 유고 시집이 나오면서 국민 시인이란 호칭을 듣게 되었는데, 시인 심연수는 왜 아직도 대중의 관심을 받지 못하고 있을까? 곰곰이 생각해 보았습니다.

우선 심연수 시인에 대한 발굴 작업이 너무 늦게 이루어졌습니다. 죽은 지 반세기가 지나고 나서야 그의 육필 원고가 세상에 툭 던져졌기 때문에 그 진위를 증명하는 작업이 쉽지 않았습니다. 그의 원고가 땅 속에 꽁꽁 묻혀 있어야 했던 배경에는 중국의 복잡한 현대사도 한 몫 했습니다. 심연수 사후 그의 가족들은 해방된 조국으로 돌아오지 못하고 중국에 남아 살게 되었습니다. 중국의 문화대혁명 기간에 심연수의 일본 유학 경력 등이 이유가 되어 그의 가족이 우파 반혁명 분자로 몰리게 되자, 원고를 땅 속 깊이 감춰 둘 수밖에 없었다고 합니다. 또 심연수와 동시대를 살았던 가족과 친구들이 거의 다 세상을 떠났기 때문에 그에 대한 증언을 듣는 것조차 어려웠습니다. 그가 죽을 당시 아내의 배 속에 있던 유복자는 지금 70대 중반의 나이로 생존해 있지만, 중국 문화대혁명기의 소용돌이 속에서 북한으로 떠나버려 만날 수가 없었습니다.

수십 년이 지난 지금 심연수 시인의 행적과 자료와 관련하여 유일하게 접촉할 수 있는 혈육은 친조카 한사람 뿐입니다. 그 분은 바로 시인이 맡긴 원고를 목숨처럼 지켜온 동생 심호수의 아들 심상만입니다. 필자는 심연수 시인의 친조카를 만나 여러 자료를 건네 받았고, 그의 아버지가 살아 생전 그에게 들려 주었던 삼촌 심연수에 대한 다양한 기억들을 모았습니다. 그리하여 심연수가 살았던 그때로 한번 가 보기로 했습니다. 우디 앨런의 영화 〈미드나잇 인 파리〉처럼 말입니다. 21세기의 어느 날, 파리 밤거리를 혼자 배회하던 한 남자가 갑자기 나타난 차에 올라타면서 과거로의 시간 여행을 시작합니다. 주인공은 헤밍웨이, 피카소, 피츠 제럴드, 고갱, 살바도르 달리 등 1920년대를 살았던 여러 예술가들을 만나게 됩니다. 그들과의 만남을 통해 주인공은 이런 생각을 합니다.

'예나 지금이나 황금같은 시절은 누구에게나 있고,
그걸 어떻게 쓰는가에 따라 인생의 무늬가 다르게 새겨진다.'

필자가 시인 심연수의 삶 속으로 들어가 보기로 했을 때 먼저 이 영화가 떠올랐습니다. 심연수가 살았던 시공간으로 시간 여행을 한번 해보기로 했습니다. 이 여행을 통해 독자들은 치열하게 살았지만 억세게 불운했던 한 남자의 '잔혹한 청춘'과 마주하게 될 겁니다. 또 그의 짧은 삶을 관통했던 시대의 불행도 목격하게 될 겁니다. 그러나 이 책을 쓰게된 더 중요한 이유가 있습니다. 일제 강점기에 총칼이 아닌 말과 글로 저항하다 죽은 20대 청년 심연수의 핏빛 삶과 생각을, 지금을 살아가는 사람들에게 소개하고 싶기 때문입니다. 상상을 해봅니다. 그렇게 일찍 죽지 않았더라면 이렇게 외치지 않았을까요?
"오늘을 죽음처럼 살라! 헛되이 보낸 시간은 죽어버린 삶이다!"

2020년 8월
심연수를 추모하며

# CONTENTS

들어가며 * 4

## 1부. 영원히 20대 청년으로 남은 '미완의 삶'

- 강릉 솔밭에서 뛰어놀던 개구쟁이 시절 * 17
- 블라디보스토크에서 보낸 7년 * 26
- 윤동주와 함께 '용정 시인'이라 불리던 학창시절 * 48
- 도쿄에서 몽양 여운형을 만나다 * 76
- 두 번 옥살이 후 끝내 주검이 된 신혼의 남편 * 100

## 2부. 심연수의 문학 세계

- 쓰고 쓰고, 또 쓰다 간 삶 * 126
- 시(유랑자의 삶... 디아스포라적 감수성) * 129
- 시(꿈에도 그리운 나의 살던 고향) * 151
- 시(청춘의 외로움, 그리고 방황) * 157
- 시(나라를 빼앗긴 설움을 달래며) * 171
- 시(여운형과의 만남, 우주적 세계관으로 * 177
- 수필 * 195
- 일기 * 209
- 편지 * 235

# CONTENTS

**3부. 발굴 비하인드 스토리**

|· 심연수 발굴기 * 252
|· 땅 속의 '글항아리', 그 사연과 발굴 이야기 * 254
|· 최초 발굴자 인터뷰 * 257
|· 덧붙이는 글 * 280

**나가며** * 282

## 1부

### 영원히 20대 청년으로 남은 '미완의 삶'

# 강릉 솔밭에서 뛰어놀던 개구쟁이 시절

　심연수가 태어나 8살까지 자란 고향 땅은 강원도 강릉이다. 요즘 젊은 사람들 사이에서는 커피와 맛집 투어, 멋진 해변으로 유명한 여행지로 손꼽히는 곳이다. 그러나 강릉은 '품격 높은 예술의 고장'이란 타이틀을 도시 이름 앞에 붙여놓고 있다. 또한 곳곳에 자리잡은 울창한 소나무 숲이 지역의 상징이기 때문에 '솔향 강릉'이라는 슬로건도 내걸고 있다.

　심연수가 어린 시절을 보낸 1920년대 초반의 강릉은 어땠을까? 지금보다 훨씬 더 빽빽한 소나무 숲이 있지 않았을까 싶다. 숲 속 가득한 솔향을 맡으며 글을 쓰는 문인의 모습도 떠오르고, 해송이 우거진 경포 해변 백사장에 앉아 그림을 그리는 화가의 모습도 상상이 된다. 또 밤이 되면 경포대에 올라 저 아래 호수 위에 비친 달을 바라보며 시국을 걱정하는 우국지사의 모습이 오버랩되기도 한다.

심연수의 생가 터는 강릉시 난곡동 399번지다. 그곳은 삼척 심씨의 집성촌이었으며, 근처에는 수백 년 이상된 소나무가 군락을 이루고 있다. 푸른 바다와 백사장이 아름다운 경포 해변은 예나 지금이나 변함없이 매력적이고, 생가터 가까이에 문화 유적지도 많다.

심연수의 고향인 강릉은 솔밭이 유난히 많다.
어릴 적 솔밭에서 뛰어 놀았던 심연수의 시에는 해송이 자주 등장한다.

심연수 생가터 부근의 오죽헌은 조선의 대표적인 여류 화가이자 문인으로 꼽히는 신사임당과 그녀의 아들 율곡 이이가 태어난 곳이다. 또 근처의 한 소나무 군락지는 최초의 한글 소설 《홍길동전》을 쓴 허균과 그의 친누이인 여류 시인 허난설헌 남매가 태어나고 자란 생가터이다. 어린 심연수는 집 근처 경포대와 오죽헌 등에 자주 놀러 다니며 은연중 그 예술적 기운을 받았을 것이다. 솔밭 사이로 부는 바람 소리를 좋아했던 심연수. 그가 고향을 떠나지 않았더라면 글솜씨를 인정받아 일찍이 유명 문인의 대열에 올랐을 지도 모르겠다.

심연수는 1918년 5월 20일에 태어났다. 아버지 심운택과 어머니 최정배 사이의 7남매 중 셋째이자 장남이다. 부모 모두 강릉 출신으로 아버지는 삼척 심씨 집안이고, 어머니는 강릉 최씨 집안이다. 한 사람의 인생은 자신이 발 딛고 서 있는 땅의 운명에 영향을 받는다. 불행하게도 심연수가 첫 울음을 뱉어낸 땅은 일제의 지배를 받고 있던 엄혹한 시기의 식민지였다.

심연수가 태어나기 8년 전인 1910년에 일본은 우리나라를 강제로 빼앗었다. 그가 태어난 다음 해에는 3.1 만세운동이 전국적으로 일어났고, 중국 상해에 대한민국 임시정부가 수립되었다. 그러나 그 후로 일제가 펼치는 교묘한 억압 통치 아래에서 식민지 백성이 살아가기가 더욱 고달퍼졌다. 물론 그때는 심연수가 너무 어려서 그 고충을 알리 만무다.

심연수네는 남의 땅을 빌려 농사를 짓는 가난한 소작농으로 대대로 살아가고 있었다. 심연수가 태어났을 때 집에는 조부모를 포함해 3대가 함께 살고 있었다. 위로 누나만 2명 있었기 때문에 심연수의 부모는 첫 아들이 태어났다고 무척 좋아했다. 특히 할아버지는 집안의 장손인 심연수를 더욱 애지중지하였다. 심연수 아래로 남동생들이 더 태어나 가족이 10여 명으로 늘어나자 먹고 사는 일이 더욱 힘들어졌다. 식솔은 많고 소작료가 높아 농사를 부지런히 지어도 불과 석달 정도의 식량밖에 남지 않았다.

심연수의 부모.
평생을 농부로 살면서 땅의
소중한 가치를 아들 연수에
게 심어주었다.

비록 남의 땅을 부쳐 먹고 사는 소작농이었지만, 그의 부모는 땅의 소중한 가치를 아들 연수에게 심어준 근면하고 소신있는 농부였다. 남겨진 유품 원고 속에 여러번 나오듯이, 그는 농부를 세상의 모든 직업 중 최고라고 가치를 부여했다. 곡괭이나 삽을 들고 땅을 일구는 할아버지와 아버지의 모습은 그가 태어난 이후 늘상 보아온 것이었다. 아마 그런 모습에 영향을 받은 것이 틀림없다.

농부가 농사를 짓듯 학생 시절 쉬지 않고 글을 썼던 심연수의 부지런한 천성은 아버지로부터 물려받았다. 반면 그의 시에 묻어나는 대륙적인 호방함과 옳다 싶으면 밀어 부치는 뚝심은 할아버지를 닮았다. 할아버지 이름은 심대규다. 나이가 많든 적든 간에 동네 사람들은 그를 '무송'이라고 불렀다. 무송은 중국 고전 소설《수호지》에 나오는 인물 중 한 명이다. 힘이 좋고 싸움을 잘하여 맨손으로 호랑이도 때려잡는 무송의 이미지가 할아버지와 닮았기 때문에 붙여진 별명이 아닐까 싶다. 일제 식민지 시절이었지만 일본 경찰조차 무서워하지 않던 할아버지의 일화 몇 가지가 집안에 전설처럼 전해 내려오고 있다. 어렵거나 억울한 상황에 몰린 사람을 보면 그냥 지나치지 못하는 할아버지는 그 성격 때문에 유치장을 들락거려야 했다. 하루는 동네의 어린 일본인 지주가 나이든 소작농을 지팡이로 때리는 것을 보고 다짜고짜 지주에게 달려들어 뺨을 후려쳤다. 그 때문에 5일 동안 철창 신세를 진 적도 있었다. 그렇지만 그의 의협심이 약해지지는 않았다. 또 한번은 어깃장을 부리는 일본 경찰에게 "일본 개다리 같은 놈아!"라고 욕설을 퍼부어 유치장에 들어가기도 했다.

20대 중반이 된 심연수도 유치장을 몇 번 들락거린 적이 있다. 중국 신안진에서 야학 교사를 하던 시절에 조선의 청년들에게 민족 의식과 항일 정신을 심어 주었다는 이유 때문이다. 만약 당시 이런 손자의 모습을 할아버지가 봤다면 뭐라 했을까? "허어! 녀석. 피는 못 속이는군."이라며 껄껄 웃어 넘겼을 것이다. 그러나 그때는 이미 할아버지가 일본 경찰의 총탄에 맞아 죽은 후라서 유치장에 갇힌 손자의 모습을 보지 못했다. 이 얘기는 뒤에 심연수 일가의 중국 용정 정착 시절을 다룰 때 다시 하기로 하고 강릉 생활로 되돌아 가 보자.

남의 땅을 부치면서 근근히 살아가던 심연수 가족은 점차 기본적인 생계조차 유지하기가 힘겨워졌다. 3.1 만세 운동 이후 일제의 압박과 수탈이 더욱 심해졌기 때문이다. 당시 소작농들이 맞닥뜨린 상황을 짚어보면 쉽게 알 수 있다. 왜 심연수 일가가 정든 고향 땅을 버리고 이역 멀리 떠나게 되었는지를.

일제는 토지조사사업을 실시한다면서 식민지 농부의 땅을 빼앗았다. 그 과정이 아주 교활했다. 1905년에 통감부를 설치한 일제는 토지 착취를 위한 기초 조사 작업에 착수했다. 우리나라를 강제 병합한 1910년 후로는 더욱 강도 높게 토지를 몰수하는 등 농민들의 목을 옥죄기 시작했다. 1918년에 이르러서는 70%가 넘는 농민을 소작농으로 전락시켜 버렸다. 그 와중에 소작료까지 올리자 농민들은 뼈 빠지게 일해도 입에 풀칠하기가 어려운 형편이 되고 말았다. 눈 뜨고 코 베인 격이었다. 자기 땅을 일본 사람에게 빼앗기고 졸지에 일본 지주의 소작농이 된 농민들은 허탈함과 무력감에 자포자기 심정이 되어 버렸다. 결국 이러한 수탈과 착취를 견디지 못한 사람들은 만주로, 연해주로 살 길을 찾아 떠나게 된 것이다.

당시 심연수네는 대략 2천여 평 정도의 밭을 소작했다. 그러나 아무리 부지런히 일을 해도 강원도 산간의 거친 땅에서 거둬들일 수 있는 소출량은 많지 않았다. 소작료를 지불하고 나면 열 명이 넘는 식구들이 겨우 두 세 달 먹을 식량밖에 남지 않는 지경이었다. 이대로 가다간 굶어 죽을 지도 모른다는 불안감에 억눌려 있을 무렵, 러시아 연해주로 독립 운동 하러 1년 전에 집을 떠났던 심연수의 삼촌 심우택이 고향에 잠시 다니러 왔다. 하루하루 힘들게 연명하고 있던 식구들이 안타까웠던 심우택은 가만히 보고 있을 수 없었다. 농사 지을 땅이 넉넉한 러시아 연해주 블라디보스토크로 이주하자고 아버지와 형을 설득하기 시작했다.

조상 대대로 살아온 고향 땅을 내버려 두고 부르기조차 어려운 낯선 이름의 땅으로 가자는 심우택의 제안에 심연수 할아버지와 아버지의 눈이 동그래졌다. 가족들의 생계를 생각하면 이 땅을 떠나는게 낫다는 아들의 설득에 할아버지가 먼저 고개를 끄덕였다. 심연수의 아버지 역시 아이들을 제대로 먹이고 공부시키려면 '기회의 땅'으로 가야 한다는 동생 심우택의 말에 결국 마음이 움직였다.

블라디보스토크!
이름도 낯선 먼 땅으로 떠나기 전날, 할아버지는 심연수를 데리고 경포 해변 백사장으로 나갔다. 그리고는 손자의 손을 잡고 한참을 말없이 망망대해만 바라보았다. 조상 대대로 살아온 고향 땅을 두고 물 설고 낯 설은 먼 이국 땅으로 떠나는 심사가 복잡했을 것이다. 아마도 어린 손자에게 마지막으로 고향의 풍광을 가슴에 새겨 주고자 하는 할아버지의 깊은 뜻이 있지 않았을까 싶다.

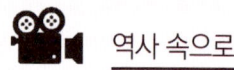 역사 속으로

"일제 강점기에 왜 많은 사람들이 만주와 연해주로 떠났나?"

일제 강점기 36년 동안 식민지 조선에 불어닥친 몇 가지 광풍이 있었다. 부자들 사이에서는 크게 한탕을 노리고 전국의 금광을 찾아 떠나는 '골드 러시'가 있었다. 또 젊은 청년들 사이에는 계급투쟁 이론을 다룬 마르크스 사상을 독립운동의 한 수단으로 받아들인 '사회주의 열풍'이 있었다. 반면 일본 지주의 갑질과 계속되는 기근으로 굶주림에 지친 가난한 농민들에게는 국경을 넘어 만주와 연해주로 떠나는 '이주 열풍'이 불었다.

기회의 땅을 찾아 떠나는 이주 열풍의 배경에는 일제의 음흉한 토지정책이 깔려 있었다. 일제는 1910년부터 8년 동안 근대적 토지 소유 관계를 확립한다는 명분으로 토지조사 사업을 벌였다. 그 조사와 처분이라는 것이 해괴망측하게 진행되었다. 대한제국 시기에 일본이 불법적으로 탈취한 토지가 모두 법으로 인정받은 것이다. 더 기가 막힌 것은 소유 관계가 애매한 토지의 상당 부분을 조선총독부가 차지하게 된 것이다. 그런 토지 중에는 대한제국 혹은 황실의 땅과 같은 국유지도 있었고, 소유를 증명할 문서가 없는 마을 공유지나 문중의 땅 등도 포함되어 있었다. 조선총독부는 이 땅들을 동양척식 주식회사나 조선으로 이주한 일본인들에게 싼 값에 넘겨버렸다. 토지조사라는 것이 한마디로 일본의 '땅줍기' 사업이었던 셈이었다.

전국 농토의 40% 이상이 일본인의 소유가 되어버린 상황에서 소작농들은 먹고 살 길이 더·막막해졌다. 이 땅에서 미래를 꿈꿀 수 없던 사람들은 탈출을 시도했다. 그래서 선택한 곳이 만주라 불리는 간도와 러시아 연해주 땅 블라디보스토크였다. 국경과 가장 가까운데다 개간만 하면 경작할 농지 마련이 가능했고, 특히 일제의 지배로부터 자유롭다는 이유가 컸다.

간도와 연해주로 이주한 사람들… 그 곳은 그들에게 '기회의 땅'이었을까?

가난 외에도 독립운동을 펼치기 위해, 자식 교육을 위해 고국을 떠난 지식인이나 지도층 인사도 많았다. 이렇게 만주와 연해주로 떠나는 탈출 행렬이 계속되었다. 그러나 한번 자리를 잡으면 다른 곳으로 옮기기란 쉽지 않은 법. 해방이 되었는데도 조국으로 돌아오지 못한 사람의 후손들은 한국인 3세 혹은 4세로 그 땅에서 살아가고 있다. 조선족 혹은 카레이스키라고 불리기도 하는 어정쩡한 이방인들. 그들의 조상이 가졌던 꿈이 과연 이것이었을까? 빼앗긴 들에 봄이 오면 식구들 손 잡고 고향 땅으로 돌아와 오손도손 살다가 선산에 묻히는 것이 꿈이었을 지도 모른다.

# 블라디보스토크에서 보낸 7년

"두만강 푸른 물에 노 젓는 뱃사공을 볼 수는 없었지만
그 노래만은 너무 잘 아는 건 내 아버지 레파토리
그 중에 십팔번이기 때문에 십팔번이기 때문에
고향 생각나실 때면 소주가 필요하다 하시고
눈물로 지새우시던 내 아버지 이렇게 얘기했죠
죽기 전에 꼭 한 번만이라도 가봤으면 좋겠구나 라구요"

가수 강산에의 노래 〈라구요〉의 가사다. 2018년 4월, 남북평화 협력을 기원하는 평양 공연에서 이 노래가 울려 퍼지자 북한 사람들의 눈가가 촉촉하게 젖기 시작했다. 함경북도 출신의 실향민 아버지가 평생 고향 땅을 그리워하던 모습을 지켜본 아들 강산에는, 훗날 가수가 되어 아버지를 생각하며 이 노래를 만들었다고 한다.

〈라구요〉 첫 구절에 나오는 두만강이라는 세 글자에는 눈물이 흐르고 피가 흐른다. 두만강은 한국, 중국, 러시아의 국경을 따라 흐르는 '눈물의 강'이다. 일제의 억압을 피해 많은 사람들이 눈물을 흘리며 두만강을 건너야 했다. 강을 건너는 사람의 사연에 따라 그 강의 의미도 달랐다. 일본 지주의 착취에 시달리던 소작농에게는 '생존의 강'이었다. 또 빼앗긴 나라를 되찾는 데 인생을 건 독립투사에게는 붉은 피가 흐르는 '혁명의 강'이었다.

두만강을 건너는 사람들은 일제의 삼엄한 경비망을 뚫어야 했기 때문에 강물이 꽁꽁 얼어붙는 한겨울을 주로 이용해 건넜다. 몸을 낮춰 얼음판 위를 미끄러져 기어가면 되니까 말이다. 날이 풀려 얼음이 녹으면 배로 강을 건너야 하는데, 소문 내지 않고 배를 구하기가 쉽지 않았다. 게다가 없는 처지에 많은 식솔들의 뱃삯을 대는 일도 큰 부담이었다.

고향 강릉을 떠나 머나먼 이국 땅으로 향하는 심연수의 가족이 죽기 살기로 건너야 했던 관문도 바로 두만강이었다. 가족 모두가 강릉을 떠난 것은 1925년 5월 초였다. 기차편으로 우여곡절 끝에 회령에 도착해서 내려다본 두만강은 시퍼런 물결이 출렁이는 아득한 강이었다. 강릉보다 위도가 높고 산세도 험한 그곳은 5월인데도 날씨가 쌀쌀하고 바람도 거셌다. 바다에서 파도가 휘몰아치는 것처럼 강 기슭에는 물보라까지 세차게 일고 있었다. 할아버지와 아버지가 걱정스러운 눈길로 강을 내려다보자, 가족 이주를 제안했던 심우택이 강둑 풀숲 어디론가 급히 뛰어갔다.

이번 여정의 길잡이는 심연수의 삼촌 심우택이었다. 항일 무장 독립군인 그는 19세이던 1914년에 소설 ≪화수분≫을 출간한 작가이기도 했다. 그 시절 많은 지식인들이 그랬듯이, 농사를 짓는 틈틈이 글을 쓰던 심우택은 3.1 만세 운동을 기점으로 독립투사로 변신했다. 이후 일제의 탄압이 점점 거세지자 울분을 참지 못한 심우택은 본격적으로 항일 투쟁을 시작하기 위해 펜을 놓고 연해주로 건너갔다. 그는 연해주에 근거지를 둔 항일 단체인 '홍범도 부대'에 몸담았다. 봉오동 전투 이후로 홍범도와 관계된 항일 투사들에 대한 감시망이 삼엄했기 때문에 집을 떠난 심우택은 한번도 고향을 찾은 적이 없었다. 따라서 두만강을 건넌 경험이 많지 않을 것이 뻔한 그를 바라보는 할아버지와 아버지의 표정은 미덥지 않아 보였다.

걱정스럽게 강물만 내려다보고 있던 가족 앞에 나룻배 한 척이 다가왔다. 그리고 심연수의 삼촌도 숲속에서 부리나케 뛰어나왔다. 그 당시는 일본 경찰들이 두만강을 건너는 독립 운동가를 잡는데 더욱 혈안이 되어 있던 때였다. 그래서 뱃사공들은 수풀 속에 배를 숨기고 기회를 엿보면서 사람을 기다리고 있었다. 만주나 연해주를 오가는 사람을 건네주고, 독립군이나 정착민들에게 생필품도 전달하는 나룻배였다. 일본 경찰에 발각되면 물건도 뺏기고 유치장 신세도 져야하기 때문에 몸을 사리지 않을 수 없었다. 심우택이 어떻게 배를 구해 왔는지 모르지만, 심연수 일가는 그 나룻배 한 척을 타고 무사히 두만강을 건넜다. 심연수의 부모는 조상이 복을 내렸다면서 장남 심연수의 머리를 쓰다듬었다.

　두만강 건너편은 지금의 길림성 땅으로, 당시 만주라고 불리던 곳이다. 중국 지도에 만주라는 지명은 없고 대신 동북 3성이라고만 표기되어 있다. 그런데 주변 사람들은 아직도 그 땅을 만주라고 불러오고 있다. 만주Manchuria란 지명은 오랫동안 만주족이 그곳을 삶의 근거지로 삼은 것에서 비롯되었다. 어쨌거나 만주족은 말갈족, 거란족, 여진족 등으로 이름이 바뀌면서도 끈질기게 혈통을 이어 내려왔다.

　심연수 가족은 조선땅을 벗어나 만주로 들어가는데 성공했다. 이제 가파른 고개 하나만 넘어가면 용정의 기차역에 도착할 수 있었다. 그들이 넘어야 할 고개는 이름도 무시무시한 '오랑캐 고개'이다. 옛날부터 중국 오랑캐들이 이 고개를 넘어 쳐들어왔다 해서 붙여진 이름이다. 일제 강점기에는 이동휘, 안중근, 홍범도, 김좌진 등 항일 독립투사들이 넘나들며 무장 항쟁을 벌였던 곳도 이 고개다. 산세도 험악한데다 밤이면 늑대와 이리 같은 산짐승들이 출몰하고, 겨울이 되면 시베리아 한겨울 혹한에 맞먹는 추위로도 유명한 고개이다. 어쨌든 최종 목적지인 연해주까지 가기 위해서는 이 고개를 넘어 용정역까지 가야만 했다. 젊은이도 넘기 힘든 고개를 연로한 부모님과 어린 아이들을 데리고 넘어야 하는 심연수 부모의 마음은 오죽 심란했을까. 누나가 두 살배기 동생 호수를 업은 채 힘겹게 고개를 올라가고 그 뒤를 심연수가 따라가고 있었다. 다리도 아프고 배도 고프고, 무엇보다 너무 추웠다. 누나가 힘들어 보여 자기가 대신 동생을 업겠다고 하자 누나는 말없이 얼어붙은 연수의 손을 잡아 주었다. 그런데 갑자기 누나 등에 업혀 있던 호수가 자지러지게 울기 시작했다. 모두 걸음을 멈추고 아이를 살펴보니 열이 펄펄 나고 있었다. 강을 건너고 산을 넘어 오는 길에 세찬 바람을 맞아 감기에 걸린 것이었다. 연수가 바위 틈에서 흘러나오는 물에 수건을 적셔 동생의 몸을 문질러 주었지만 열은 좀체 떨어지지 않았다. 숨 넘어가는 듯한 아기의 울음소리를 들었을까. 어둠 속에서 마차 한 대가 다가와 그들 앞에 멈춰섰다. 중국 옷을 입은 중년의 남자였다. 처음에 중국말로 몇 마디 하더니 이쪽에서 못 알아듣는 걸 눈치 채고는 곧바로 우리말로 말했다.

그 사람 역시 몇 해 전에 일제의 핍박을 피해 조선땅을 떠나 만주로 건너온 사람이었다. 고향은 함흥이고 안동 김씨 성을 가진 김기숙이라고 자신을 소개했다. 또 용정에 있는 기독교회관에서 장로 일을 보고 있다는 말도 덧붙였다. 자신 역시 이 고개를 처음 넘을 때 기독교회관의 장로 한 분을 만나 도움을 받은 적이 있다며, 이번에는 자신이 도움을 베풀겠다고 했다. 마침 마차의 짐 속에 들어 있던 감기약을 내주었을 때 연수의 아버지는 엎드려 절까지 했다. 그는 기차역까지 안내해 주겠다면서 우선 어린 아이들을 마차에 타게 했다. 예전에 자신이 받은 은혜를 이번 기회에 동포에게 되갚을 수 있게 되어 오히려 다행이라면서 심씨 어른들의 마음을 편안하게 해주었다. 한마디로 그는 궁지에 몰린 심연수 가족 앞에 불쑥 나타난 구세주같은 존재였다. 할아버지와 아버지가 강릉에서 얼마나 뼈빠지게 고생하며 일을 했던가. 그렇게 열심히 살았기 때문에 하늘이 감동받아 은인을 보내준 것이라고 심연수는 믿었다. 그의 도움 덕분에 심연수 일가는 무사히 오랑캐 고개를 넘어 용정에 도착할 수 있었다. 김기숙 장로는 심연수 가족이 연해주로 떠날 때에도 그곳의 생활이 힘들면 언제든지 용정으로 돌아오라는 말로 용기를 주었다.

    강릉을 떠난 지 거의 두 달만에 심씨 일가는 러시아 연해주의 블라디보스토크에 도착했다. 블라디보스토크Владивосток는 러시아어 블라디(Влади:지배하라)와 보스톡(Восток:동방)을 합친 말이다. '동방을 지배하라!'는 뜻으로 러시아가 동진정책을 펼치면서 만든 군사 도시가 바로 블라디보스토크다. 우리 국경과 멀지 않아 많은 농민들과 독립투사들이 일제의 수탈과 박해를 피해 이곳으로 건너왔다. 심연수 일가가 도착한 곳은 블라디보스토크 개척리 신한촌. '새롭게 생긴 한인마을'이란 뜻이다. 그곳은 생계를 위해 이주한 농민들과 항일 운동을 목적으로 모여든 독립투사들이 형성한 집단 거주지였다. 삼촌 심우택이 일제와 무력 투쟁 하겠다며 홍범도 장군의 부대를 찾아 물어 물어 도착한 곳이 여기다. 1년 전에 미리 와서 터를 잡았던 삼촌 덕분에 그의 가족은 어렵지 않게 신한촌에 정착할 수 있었다.

1930년대 러시아 연해주의 모습. 조선의 농부들은 이 척박한 땅을 억척스럽게 일궈 기름진 땅으로 바꿔 놓았다.

타고난 농부인 할아버지와 아버지는 새벽부터 밤 늦게까지 쉬지 않고 땅을 일구었다. 8살이 된 심연수도 일손을 돕기 위해 따라 나설 때가 많았다. 그러나 어른들은 그를 들판에 나오지 못하게 말렸다. 집안의 장손인 심연수를 공부에 전념하게 하여 좀더 큰 인물로 만들겠다는 것이 어른들의 생각이었다. 사실 그의 부모가 연해주로 건너온 이유 중의 하나가 자식 교육 문제이기도 했다. 당시 만주나 연해주에 활동하던 항일 인사들은 교육을 독립운동의 중요한 활동으로 여기고 있었다. 자라나는 아이들에게 우리글과 역사를 가르쳐서 민족혼을 심어주는 일이야 말로 일제에 맞설 진정한 무기를 나누어 주는 것이라 생각했다. 일찍이 연해주에 나와있던 지식인이나 독립투사들은 이런 뜻에서 학교를 세워 운영하고 있었다.

신한촌에도 적지 않은 한인 학교들이 있었고, 한글과 역사, 지리, 언어, 건축학 등 다양한 과목을 가르치고 있었다. 조선 땅에 그대로 남아 있었다면 자식들이 이런 것들을 배울 기회를 가졌을까? 사실 심연수의 아버지는 고향을 등지는 것이 내키지 않았다. 그러나 동생 심우택이 아이들 교육을 위해서라도 연해주로 가는 게 낫다고 하자 미련 없이 따라나선 것이다. 그만큼 자식 교육열에 있어서는 남에게 뒤지지 않는 열정이 있었다. 심연수는 누나 두 명과 함께 한인학교를 다녔고, 나중에는 자신이 동생들 공부까지도 챙기게 되었다.

어릴 적 심연수의 꿈은 농부였다. 자라면서 할아버지와 아버지가 논밭을 일구는 모습밖에 본 것이 없었기 때문이기도 했다. 그는 집에 돌아오면 얼른 학교 숙제부터 한 후, 어른들의 만류에도 불구하고 밭에 나가 일손을 도왔다. 심연수 주변에서 일하던 러시아 아주머니들이 "하라쇼<sup>хорошо</sup>!"라며 그를 향해 엄지척을 해보였다. 우리말로 '잘한다'는 뜻을 가진 러시아어 '하라쇼!'는 연수가 러시아에 살면서 많이 들은 말 중의 하나였다. 노력한 만큼 결실을 거둔다는 자연의 섭리를 체험적으로 깨달은 심연수의 장래 희망은 자연스럽게 농부가 되어 있었다.

연해주로 이주해 온 후, 심연수에게는 근수와 해수라는 남동생이 두 명 더 생겼다. 식구가 늘었지만 먹고 사는 걱정은 오히려 줄어들었다. 땅이 넓은 연해주에서는 부지런하기만 하면 얼마든지 경작할 농지를 불려 나갈 수 있었기 때문이다. 할아버지와 아버지는 둘 다 강한 체력과 근면성을 조상으로부터 물려받아서인지 새벽부터 밤까지 일해도 끄떡 없었다. 열심히 일하다 보니 땅이 점점 불어났고, 7년쯤 지나서는 무려 4헥타르에 이르는 규모의 농사를 짓게 되어 생활이 안정되었다. 러시아 당국에 세금을 내고도 11명의 식구가 먹고 살아가는 데 걱정이 없었다. 특히 아이들 학교 운영비뿐만 아니라, 심우택이 몸담고 있는 항일 부대에도 자금을 보낼 정도가 되었다. 아버지의 마음 속에는 고향을 떠나오길 잘 했다는 만족감이 가득했다.

연해주의 삶이 어린 심연수에게 좋았던 점은 끼니 걱정 없이 배불리 먹고 살게된 것만이 아니었다. 학교에 다니며 실컷 공부할 수 있게 된 것도 마음에 들었다. 학교에서 배우는 과목도 다양했다. 국어는 물론 역사, 수학, 과학, 농업학, 목축학…. 거기에다 우리말 동요는 물론 애국가도 마음대로 부를 수 있었으니 어린 소년에게는 여기가 지상낙원으로 여겨질 정도였다.

당시 소년 심연수에게는 한 가지 남다른 즐거움이 더 있었다. 항일투쟁을 한다며 바람처럼 사라졌다가 불쑥 나타나는 삼촌 심우택과의 만남이 바로 그것이었다. 장조카를 무척 아꼈던 그는 어쩌다 한 번씩 집에 올 때마다 심연수를 앞에 앉히고는 재미있는 스토리를 붙여가며 자신의 경험담을 들려 주었다. 심연수는 이런 만남을 통해서 삼촌이 몸담고 있는 홍범도 장군의 항일 부대에 대해서도 자세히 알게 되었다. 심연수 일가가 연해주로 건너오기 전부터 홍범도는 항일 투사뿐만 아니라 일본인들 사이에도 널리 알려진 유명 인물였다. 1920년에 벌어진 '봉오동 전투'를 승리로 이끈 주인공이기 때문이다. 그 전투에서 일본군 사상자는 수백 명에 이르렀지만 우리 독립군은 전사 4명, 부상 2명의 미미한 피해만으로 압승을 거두었다.

'봉오동 전투'를 승리로 이끈
홍범도 장군

싸움이 벌어진 봉오동은 산세가 험악한 곳이었다. 인원수가 절대 열세인 무장 독립군이 대규모 군단인 일본 관동군을 봉오동으로 유인해 좁다란 계곡에 가둬 놓은 후, 쏜살같이 해치운 게릴라 작전이었다. 그 전투를 승리로 이끈 지휘관이 홍범도 장군이었고, 그의 명성은 식민지 조선 땅은 물론 일본과 중국에도 널리 알려졌다. 그 얘기를 들은 전국 각지의 젊은 투사들이 홍범도 장군 휘하에서 항일 투쟁을 하겠다며 속속 모여들었다. 삼촌 심우택도 그들 중의 한 사람이었다.

2019년에 개봉된 영화 〈봉오동 전투〉는 홍범도 장군이 주인공인 영화가 아니다. 배우 최민식이 홍범도 장군역을 맡았는데, 영화에 잠깐 까메오처럼 나왔었다. 그 영화의 주인공은 전투의 제일선에서 싸우다 죽은 무명의 무장 독립군이다. 배우 유해진과 류준열 등이 그들의 역할을 맡았는데, 역사에 이름이 남지않은 일반 민중들을 주인공으로 담고 싶어서 감독이 만든 허구의 인물이라고 한다. 그 영화에서 배우 유해진은 이런 대사를 한다.

  "어제의 농사꾼이 오늘의 독립군이 될 수 있다 아이가."

  실제로 봉오동에서 싸웠던 무장 항일투사 중에는 뱃일 하던 제주도 사람도 있었고, 농사 짓던 강원도 사람도 있었고. 포수 출신 함경도 사람도 있었다. 나라를 잃은 그때, 그들은 생업을 팽개 치고 일본군과 싸우기 위해 만주와 연해주의 항일 부대를 찾아 나섰다. 아마 '나르는 홍범도'라는 별명을 익히 들었던 삼촌 심우택도 나라를 되찾겠다는 결연한 의지를 불태우며 작가의 길을 접고 홍범도 부대가 있는 연해주로 갔을 것이다.

  심우택은 자신과 함께 지낸 무장 독립군의 면모와 그들의 활약상을 심연수에게 말해 주었다. 삼촌이 홍범도 장군뿐만 아니라 이동휘 장군이 이끄는 부대에서도 잠시 몸담은 적이 있다는 사실에 그는 더욱 삼촌을 존경하고 따르게 되었다. 그때 심연수는 자신의 미래를 꿈꾸기 시작한 10대의 청소년이었다. 삼촌 이야기를 들으며 자신도 나라를 되찾는데 보탬이 되고 싶다는 포부를 가슴 속에 품었을 지도….

삼촌이 들려준 많은 독립투사 중에서 소년 심연수의 가슴을 뜨겁게 달군 또 한 명의 영웅은 안중근 의사다. 안 의사가 하얼빈 역에서 이토 히로부미를 저격하는 순간과, 여순 감옥에서 순국하는 장면은 그의 가슴에 영화의 한 컷처럼 뚜렷하게 새겨졌다. 세월이 흘러 고등학교 졸업여행 중 여순 감옥을 방문 했을 때, 그의 머리 속에는 오랫동안 만나지 못한 삼촌의 얼굴이 떠올랐다. 그는 그때의 벅차 오른 슬픔과 격정을 여러 편의 시에 남기기도 했다.

　또 삼촌으로부터 들은 안중근 의사의 어록도 그에게는 잊지못할 정신적 선물이었다. 책 읽기를 좋아했던 심연수는 '하루라도 책을 읽지 않으면 입 안에 가시가 돋는다. 日本讀書 口中生荊棘'라는 안중근 의사의 어록을 접한 후 더욱 책에서 손을 놓지 않는 책벌레가 되었다. 그의 일기장에 이 구절이 여러 번 적혀 있는 것이 눈에 띈다. 안 의사의 이 말은 그가 문학 청년으로 성장하게 된 계기와도 무관하지 않을 것이다. 일본 유학 생활 중 동생들에게 보낸 편지에도 이 말을 수시로 적어 보냈다. 많이 알지 못하면 옳고 바른 생각을 하지 못한다는 자신의 철학을 동생들에게도 심어주고 싶었던 것이다.

　연해주에 정착한지 7년째 되던 1931년, 집안 형편이 한결 나아지고 있던 심연수 일가에게 먹구름이 밀려왔다. 1928년부터 실시된 러시아의 1차 5개년 계획 때문이었다. 스탈린이 소련을 공업국가로 키운다는 명분을 내세우며 블라디보스토크에 있는 한인들을 중앙아시아로 강제 이주시킨다고 발표한 것이다. 그후 한인들에 대한 러시아 정부의 적대 정책은 날이 갈수록 강화되었다. 이래저래 한인들의 생활이 어려워지기 시작했다. 심연수의 부모는 중앙아시아로 강제 이주를 하게 되었을 때의 상황을 머리 속에 그려 보았다. 그 곳의 척박한 땅을 일구어야 하는 데다, 또다시 머나먼 유랑길에 올라야 한다는 사실에 두려움이 밀려들었다. 무엇보다 거기서는 아이들을 제대로 공부시키기 어려워 보였다.

러시아의 강제 이주 정책으로 연해주에 살던 한인들이 중앙아시아로 쫓겨가게 되었다. 심연수 일가는 강제 이주를 피해 만주로 나왔지만 삼촌 심우택은 러시아에 남았다.

"연해주 생활이 힘들면 언제든지 용정으로 돌아오십시오."

아버지는 회령에서 용정으로 건너갈 때 오랑캐 고개에서 만났던 김기숙 장로의 말을 떠올렸고, 고민 끝에 용정으로 떠나기로 했다. 그러나 삼촌 심우택은 홍범도와 함께 하기 위해 연해주에 남았다. 연해주를 떠나온 이후 심연수는 삼촌을 다시 만나지 못했다. 가족들 중 누구도 그가 언제, 어디서, 어떻게 살다가 죽었는지 소식을 듣지 못했다. 다만 신문에 실린 연해주 소식을 통해 심우택의 죽음이 어떠했을지 추측만 해볼 뿐이었다.

심연수 가족이 연해주를 떠난 이유는 1928년에 시작된 스탈린의 강제 이주 정책 때문이었다. 그런데 러시아는 또다시 1933년부터 '2차 5개년 계획'이라는 명분으로 나머지 한인들도 중앙아시아로 강제 이주시키려 하였다. 스탈린은 '모든 것을 전선으로!'라는 슬로건 아래 노동을 착취하고 곡물을 징수하며 이주를 강요하였다. 한인들이 거세게 저항하자 러시아 당국은 잔혹한 입막음 수단을 동원했다. 한인 지도자급 인사들을 제거하기 위한 검거 작전을 대대적으로 실시하여 수천 명을 체포한 후, 숙청해 버리는 잔인한 행동을 서슴없이 벌인 것이다. 결국 한인들은 피의 보복을 당하며 머나먼 중앙아시아로 강제 이주할 수밖에 없는 운명에 처했다. 이러한 가슴 아픈 역사를 돌이켜 보면 삼촌 심우택은 반체제 지도자급 인사로 분류되어 러시아 정부에 의해 숙청 당했거나, 만주 벌판에서 무장 항일 투쟁을 벌이다 삶을 마감했을 지 모른다. 일제 강점기에는 몸을 의지했던 이국 땅에서 원치 않던 정치적 소용돌이에 휘말린 젊은 독립투사들이 많았다. 영화 〈봉오동 전투〉에서 보듯이 역사에 한 줄 이름도 남기지 못한 채 사라져 버린 '젊은 죽음'이 너무나 많았다. 심우택의 죽음 또한 이러한 역사의 미궁에 갇히고 만 것은 아닌지 모르겠다.

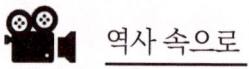 역사 속으로

### 연해주 한인 마을의 어제와 오늘

심연수 가족이 처음 정착한 곳은 낯선 연해주 땅 블라디보스토크다. 고종 황제의 밀명을 받아 네덜란드 헤이그로 가던 이준 열사와 이상설이 만난 곳이고, 이토 히로부미를 저격한 안중근 의사가 강력한 항일 의지를 불태운 곳이기도 하다. 심연수 가족은 블라디보스토크 개척리 신한촌에 터를 잡았다.

신한촌은 1860년대 두만강을 건너 이주한 조선인들이 모여 만든 마을이다. 한인의 러시아 이주는 1863년 함경도 농민 13가구가 두만강을 넘어 연해주 남부 지신허강 계곡에 정착하면서 시작되었다. 1869년에는 대흉년으로 굶주림에 시달리던 함경도 농민 6천여 명이 대거 이주를 하였다. 연해주로 망명해 활동한 인물로는 의병장 홍범도, 유인석, 이진룡 등이 있고, 최재형 같은 독립운동가의 대부도 있었다.

블라디보스토크에 한인의 인구가 늘어나자, 러시아 당국에서는 1893년 한인들만 집단 거주하는 구역을 설정하였다. 그곳에 정착한 한인들은 '개척리'라는 이름을 붙였다. 어렵사리 이민 생활에 적응해 나가는 한인들에게 청천벽력 같은 소식이 전해진다. 1911년, 러시아 당국은 한인 마을 강제 철거 명령을 내렸다. 페스트 창궐을 핑계로 개척리를 철거하고 그 자리에 러시아 기병대 숙소를 세워 버린 것이다. 그래서 한인들은 어쩔 수 없이 다른 곳에 새로이 터를 잡아야 했다. 개척리에서 좀 떨어진 곳에 아무르강이 있는데, 그 아무르강이 내려다 보이는 산비탈에 새로운 한인 마을을 건설하였다. '새로운 한국을 부흥시킨다'는 각오로 마을 이름을 '신한촌'이라 지었다.

한인들의 숫자가 점점 늘어나며 자리가 잡히자 이곳에 연해주 한인 자치기관이 생겨났고, 독립운동 단체와 학교도 점점 많아졌다. 그러나 1931년부터 1937년까지 두 차례에 걸쳐 단행된 중앙아시아 강제 이주 정책으로 인하여 17만 명이 넘는 한인들은 또다시 유랑길에 올라야만 했다. 그리고 세월이 흘러 식민지 조선은 해방을 맞았다. 그러나 이미 뿌리를 깊게 내린 러시아의 삶을 접어두고 고국으로 돌아오기는 쉽지 않았다. 러시아 전역에서 흩어져 살며 '까레이스키'라 불리는 한인 3세, 4세들은 지금도 자신의 뿌리에 대해 고민하며 살아가고 있다.

블라디보스토크 개선문

## 다시 생각해 보는 인물 역사

### 소년 심연수에게 저항 정신을 심어준 인물 3인

1. '봉오동 전투'에서 뛰어난 매복 전술로 압승을 거둔 홍범도 장군

심우택은 조카 심연수에게 홍범도<sup>洪範圖</sup> 장군과 같은 사람이 되는 것이 꿈이라고 말한 적이 있다. 그가 항일 부대를 찾아 러시아 연해주로 넘어간 것도 홍범도 장군 부대의 열혈 투사가 되기 위해서라고 했다. 그래서 심연수는 홍범도 장군에 대해 관심을 가지고, 그에 관한 여러 자료를 모으기도 했다. 심연수의 시에 나타난 호방한 기개도 아마 삼촌이 닮고 싶다고 말한 홍범도 장군으로부터 어느 정도 영향을 받았을 것이다.

'봉오동 전투'를 승리로 이끈 대한독립군 총사령관 홍범도(1868~1943) 장군은 평양 출신으로 어릴 때 고아가 되었다. 머슴·광산 노동자·사냥꾼 등으로 생계를 이었으며, 일제가 포수들의 총을 회수하려 하자 〈산포대〉라는 무장단체를 조직하여 의병운동에 뛰어들었다. 일본의 강제 합병 이후인 1911년 연해주로 망명하였고, 수시로 국경을 넘나들며 접경 지대 일본 군경

과 친일파를 괴롭히는 유격전을 수행하였다. 3·1운동 이후 만주로 건너가 항일 군사 부대의 사령관에 임명되었다.

홍범도를 우리 역사의 중요 인물로 만든 사건이 바로 '봉오동 전투'다. 1920년 6월, 봉오동에 매복한 홍범도 장군 휘하의 무장 독립군에 의해 일본의 정예 부대가 속절없이 무너졌다. 기록에 의하면 일본군은 157명이 사망하고 3백여 명이 부상을 입었지만 홍범도 부대의 피해는 4명의 죽음에 그쳤다고 한다. 독립군을 매복시킨 뒤 일본군을 봉오동으로 유인한 홍범도 장군의 탁월한 전략 전술 덕분이었다. 이후 청산리 전투에서도 독립군이 큰 승리를 거두게 되자, 일제는 한인 마을 초토화·비무장 주민 학살 등 탄압의 강도를 높였다. 이에 굴하지 않은 홍범도 장군은 연해주 블라디보스토크 등으로 옮겨 다니면서 항쟁을 지속했다. 그러나 스탈린의 고려인 강제 이주 정책으로 인해 홍범도 장군은 현재의 카자흐스탄으로 가게되었다. 결국 그는 조국의 광복을 보지 못한 채 1943년 이국 땅에서 쓸쓸히 눈을 감았다.

문재인 대통령은 2020년 3.1절 기념사에서 홍범도 장군의 유해 송환을 약속했다. 봉오동 전투 100주년을 맞이하여 카자흐스탄 공동묘지에 묻혀있는 홍범도 장군의 유해를 고국 땅으로 모셔와, 그의 항일 독립 의지를 널리 기리겠다고 천명한 것이다.

## 2. 임시정부 초대 국무총리 이동휘

이동휘 李東輝 (1873~1935)는 1873년 함경남도 단천에서 가난한 농부 집안의 아들로 태어났다. 18살에 육군 무관학교에 입학했고, 군대에 몸 담고 있으면서도 항일 비밀결사 단체인 신민회의 간부로 활동하는 등 다양한 항일 투쟁을 벌였다. 그러다 1907년 일제에 의한 군대 강제 해산에 분노한 이동휘는, 일본군에 맞설 의병 조직 계획을 세우다가 잡히고 만다. 이후 미국인 선교사의 도움으로 유배 생활에서 풀려난 이동휘는 곧바로 이동녕, 안창호 등과 함께 무관학교와 독립군 기지를 알아보러 만주로 떠났다.

군인 출신인 이동휘는 직접 총을 들고 무장 투쟁하는 항일 부대를 지원하는 일에도 관심이 많았지만, 민족주의 교육과 애국계몽 운동에도 적극적이었다. 이동휘는 무엇보다도 백성을 가르치는 일이 나라를 바로 세우는 일이라고 생각하였다. 강화도를 지키는 진위대장으로 있을 때 미국인 선교사와 함께 학교를 만들었고, 개성과 평양 등에서도 학교를 여러 개 세웠다. 1912년 만주로 망명한 후에도 무관학교를 세워 무인을 양성하고 민족주의 교육 활동을 전개하였다. 그후 러시아 연해주로 그 활동 거점을 옮겼으며, 그 곳에서 고려공산당의 모체가 되는 한인사회당을 만들었다. 3.1 운동이 일어난 1919년에는 상해 대한민국 임시정부 국무총리에 취임했다.

1년만에 국무총리 직을 사임하고 러시아로 돌아온 이동휘는 이전보다 한층 강도 높은 항일 투쟁을 전개하기 위해 〈적기단〉이란 단체를 조직한다. 나라를 되찾기 위해서는 일본군과 직접 맞서 싸워야 한다는 생각으로 만든 일종의 테러리스트 조직이었다.

이동휘가 연해주에서 이끈 한인사회당은 나중에 고려공산당 창당의 모체가 되는데, 기관의 이름에서 알 수 있듯이 이동휘는 사회주의 계열의 독립운동가였다. 그러나 이동휘는 주변 사람들에게 자신은 사회주의가 무엇인지 잘 모른다고 고백한 적이 있었다. 기독교 장로였던 그가 사회주의 이념에 관심을 가졌던 것은, 일제에 빼앗긴 나라를 되찾기 위한 투쟁 수단의 하나로 마르크시즘을 생각한 면이 있었던 것이다.

이동휘는 조국의 해방을 보지 못하고 1935년 블라디보스토크 신한촌에서 세상을 떠났다. 대한민국 정부는 일제 강점기에 독립을 위해 맞서 싸운 이동휘의 공적을 높이 평가하여 건국훈장 대통령장을 추서하였다. 그가 세상을 떠난 지 60년만인 1995년이었다.

## 3. 소년을 책벌레로 만든 '하얼빈의 영웅' 안중근 의사

연해주 항일 부대에 몸 담았던 삼촌 심우택은 어쩌다 한번씩 바람처럼 집에 나타났다 사라지곤 했다. 그때마다 삼촌은 장조카 심연수를 앞에 앉혀 놓고 자신의 저항 의지를 키워준 사람들에 대해 이야기 해주었다. 그 중 한 사람이 안중근 安重根 (1879~1909) 의사였다. 언젠가 삼촌이 웅변하듯 들려준 안중근 의사의 하얼빈역 거사와 여순 감옥 순국 이야기는 10대 소년의 가슴을 뜨겁게 했다. 특히 구차한 삶 대신 명예로운 죽음을 택한 안중근의

의연함은 멀리 내다보고 크게 생각하는 안목을 키워주었다. 또한 사형 선고를 받고 감옥에서 쓴 〈동양평화론〉은 심연수로 하여금 '진정한 투사'란 어떤 모습이어야 하는지 생각해 보는 계기가 되었다. 삼촌의 좌우명이었던 안 의사의 어록도 심연수의 문학 성장기에 좋은 밑거름이 되었다.

"하루라도 글을 읽지 않으면 입 안에 가시가 돋는다."
(일일불독서 구중생형극 一日不讀書 口中生荊棘)

안 의사의 이 어록은 소년 심연수를 책벌레로 만들었고, 문학 청년으로 키웠으며, 시와 수필 등 그의 창작 활동에 커다란 영향을 주었다.

한편 안중근 의사의 삶에서 빼놓을 수 없는 사람이 있다. 바로 최재형崔在亨(1960~1920)이다. 먼저 최재형의 삶을 들여다 보자. 함경북도 경원에 살던 그의 가족이 가난을 피해 연해주로 건너온 때가 1869년으로 최재형의 나이 9살 때다. 그는 '지신허'라는 한인 마을에 살았는데, 그 곳에서도 굶주림을 피하기가 어려웠다. 결국 배고픔을 벗어나기 위해 가출을 선택한 최재형은 러시아 상선을 타게 되었다. 7년 동안의 선원 생활을 계기로 세계 문물에 눈을 뜨게 된 것은 물론, 러시아어도 능숙하게 사용할 수 있게 되었다. 이를 기반으로 러시아 군대의 통역관으로 일하며 높은 지위의 러시아 사람들과 많은 인맥을 쌓았다. 그후 최재형은 유창한 러시아어와 넓은 인맥을 활용하여 사업을 시작했고 엄청난 성공을 거두었다. 이렇게 일군 재산으로 한인 학교를 수십 개 세우고, 독립투사들을 물심양면으로 도와주면서 연해주 일대 독립운동의 대부가 되었다.

특히 최재형은 항일 부대도 창설했는데, 총 지휘관의 자리에 안중근을 앉혔다. 안중근은 최재형의 집에서 손가락을 자르는 단지동맹을 결행하였고, 이토 히로부미 암살도 함께 모의했다. 이토를 저격할 총을 안중근의 손에 쥐어준 사람도, 안중근이 여순 감옥에서 순국한 후 그의 가족을 돌봐준 사람도 최재형이었다. 그러나 안타깝게도 최재형은 1920년 연해주 우수리스크에서 일본군에 의해 죽음을 맞게 된다. 순국한지 42년 후인 1962년, 대한민국 정부는 그에게 건국훈장 독립장을 추서했다.

## 윤동주와 함께 '용정 시인'이라 불리던 학창 시절

　러시아의 강제 이주 정책이 진행되자 심연수의 아버지는 생각이 많아졌다. 머나먼 중앙아시아 그 척박한 땅으로 쫓겨 가느니 좀더 살기 편한 곳으로 찾아 가는 게 낫겠다는 생각을 했다.
　'연로하신 부모님을 모시고 이제 어디로 가야 하나? 연수도 학교 공부에 재미를 붙이고 식구들도 이제서야 먹고살 만한데….'
　이런 저런 고민을 하던 아버지의 머리 속에 불쑥 오랑캐 고개에서 마차를 얻어 탔던 용정 사람이 생각났다. 고향을 떠나 힘겹게 두만강을 건너 만주 땅에 들어온 후, 처음으로 도움의 손길을 받았던 김기숙 장로의 얼굴이 섬광처럼 번쩍 떠오른 것이다.

　"거기서도 살기 힘들면 용정으로 오세요. 서로 돕고 살면 입에 풀칠 정도는 하지 않겠습니까?"

용정의 기독교회관에서 일한다던 김 장로의 목소리가 마치 하늘에서 들려오는 천둥 소리처럼 크게 울리는 듯했다. 심연수의 부모는 아는 사람이 한 명이라도 있는 곳이 새 삶을 시작하기에 나을 거라 생각하고 짐을 꾸렸다.

심연수 일가가 연해주에서 용정행을 택한 것은 심연수가 열 다섯 살 때였다. 7년 동안 살며 정들었던 연해주를 떠나 다시 만주 땅으로 유랑길에 오른 가족의 앞날은 그리 밝지 않았다. 들려오는 소문에 의하면 일본이 만주 땅 선양에서 사변을 일으켜 중국군과 일본 관동군의 대치 상황이 심각하다는 것이었다. 자칫하면 내전으로 이어질 지 모른다는 불안감에 만주사변이 일어난 선양과 거리가 먼 밀산으로 행선지를 바꾸었다. 지금은 흑룡강성에 속해 있는 밀산은 일찍이 이상설이 독립운동 기지를 만들었던 곳이고, 한때 수천 명의 독립군이 총 집결했던 지역이다. 또 청산리 대첩을 이끌었던 김좌진 장군도 한동안 밀산을 거점으로 항일 투쟁을 벌이기도 했다.

아버지는 일단 러시아와 만주 국경에 위치한 밀산에서 살다가 기회를 봐서 용정으로 가는 것으로 계획을 바꿨다. 그러나 상황이 좀처럼 나아지지 않았다. 일본 관동군은 만주사변 이후 중국 북동부를 점거하고 '만주국'이라는 위성 국가를 세웠다. 만주 땅에 일본이 지배하는 나라를 만들어 그 곳에 사는 중국인과 조선인 등을 자신들의 통치 아래 놓으려는 음흉한 계략이었다. 일본은 청나라의 마지막 황제 푸이를 허수아비 왕으로 들어 앉힌 후 꼭두각시처럼 조종해 자신들의 야욕을 채우려고 했다. 이 스토리는 영화 〈마지막 황제〉의 배경이 되기도 했다. 1945년, 일본의 패전 후 러시아 군대에 체포되었다가 중국으로 송환되는 등 역사의 소용돌이 속에서 허우적거린 푸이. 청나라와 만주국 두 나라의 황제 자리에 오르기도 했던 그가, 말년에는 식물원의 초라한 수위로 전락해 구차한 삶을 이어간 스토리를 다룬 영화였다. 실제로 푸이는 중국 문화대혁명 기간에 만주국 허수아비 왕으로 앉아있던 시절이 문제가 되어 고초를 당하다가 1967년에 파란만장 했던 인생을 마감했다. 원하든 원치 않든 역사는 우리 개인의 삶에 다양한 무늬를 만들어 낸다. 그 디테일한 무늬의 결은 결국 자신이 내린 선택의 결과일테지만.

연해주를 떠나올 때 용정으로 가려던 원래 계획이 있었던 탓에 밀산에서의 삶은 좀체 뿌리가 내려지지 않았다. 생활이 그다지 안정적이지 못했던 심연수 일가는 좀더 살 만한 곳을 찾아 또다시 거처를 옮겨야 했다. 이번에는 밀산에서 그리 멀지 않은 영안이었다.

영안은 대조영이 고구려 유민들을 모아 건국한 발해와 관계가 깊은 도시다. 전성기의 발해는 한반도 북부 지방과 중국 만주 땅, 러시아 연해주 일대에 걸친 광활한 영토를 자랑했던 적이 있었다. 발해는 그 넓은 땅을 효율적으로 관리하기 위해 5개의 지역으로 분할 통치하였고, 여러 번 수도를 옮기기도 했다. 영안은 발해가 옮긴 여러 수도 중의 하나이며, 지금은 '발해의 성지'라는 유명세를 얻으며 우리나라 역사문화 탐방객들이 많이 찾아가는 도시이다.

민족의 혼이 살아있는 유서 깊은 도시 영안으로 옮겨간 심연수의 부모는 거기서도 열심히 땅을 일구었다. 시간이 지나 어느 정도 먹고 사는 걱정이 해결되자 또다시 생겨나는 고민이 장남 연수를 비롯한 아이들의 장래 문제였다. 좋은 교육 환경에서 아이를 키우고 싶은 것이 예나 지금이나 부모의 공통된 마음이다. 여기 저기 귀동냥 끝에 영안 근처 신안진 공제촌이라는 한인 마을 얘기를 듣게 되었다. 당시 신안진에는 2만 명이 넘는 한인들이 살고 있었다. 집단 거주 한인 마을이다 보니 영역이 세분화된 전문학교까지 있었다. 아버지는 그런 교육 환경이 맘에 들었고, 곧바로 짐을 싸서 신안진으로 이사했다.

새로 옮겨온 신안진에서 심연수는 '정신적 스승' 김수산 선생과 인연을 맺는다. 그는 신안진 사람들에게 높은 명망을 얻고 있던 항일 지도자였다. 당시 북만주지구 조선인협회 회장이었던 그는, 항일 운동을 하는 독립군을 후원하고 동시에 그들의 자식을 가르치는 교육 사업도 벌이고 있었다. 그러한 김수산 선생의 명성이 심연수 부모의 귀에도 들어갔다. 아버지는 영안에 오자마자 김수산 선생이 있는 학교에 아들을 입학시켰다. 심연수는 신안진에 3년 가까이 살면서 김수산 선생으로부터 교육을 받았는데, 김수산 선생이 신봉하던 사회주의 사상에 대해서도 자연스럽게 눈을 뜨게 되었다.

1930년대에는 항일 운동의 한 방편으로 사회주의 사상을 받아들인 독립투사들이 많았다. 그들은 민족과 계급이 모순된다고 생각하지 않았다. 민족해방과 계급투쟁은 하나라고 생각했고, 식민 지배를 이겨 낼 민족해방 이론으로 사회주의를 받아들인 것이다. 이런 이유로 일제의 식민 지배가 악랄함을 더해가던 1930년대에는 사회주의자들에 대한 평가와 인식이 좋았고, 진정한 애국자로서 존경받던 시절이었다.

 당시 사회주의자들에게 인기 있던 작가로는 ≪아큐정전≫과 ≪광인일기≫를 쓴 중국의 루쉰도 있었고, 러시아의 톨스토이도 있다. 특히 당시 항일 투사들 사이에서는 톨스토이의 책 ≪전쟁과 평화≫와 ≪사람은 무엇으로 사는가≫는 사상적인 교과서나 다름 없었다. 심연수는 신안진으로 오기 전에 러시아 연해주에서 7년을 살면서 학교를 다녔다. 그때 그는 자연스럽게 마르크스와 레닌 사상을 접했을 것이고, 톨스토이 같은 러시아 작가의 작품도 많이 읽었을 것이다. 톨스토이 책 속에 이런 문장이 나온다.

 "모든 사람의 직업은 다른 사람을 돕는 것이다."

 그 문장을 읽었기 때문일까? 심연수가 동흥 중학교 시절에 쓴 수필 〈직업생활 만태〉에서 자신이 본 다양한 직업군을 생생하게 묘사하고 있다. 농부, 공장 노동자, 회사 사장, 선생, 우편 배달부, 국수 배달부,

양복점 주인, 도장 파는 사람, 사진사, 구두점 주인 등 그의 수필 속에 등장하는 수많은 직업들의 사회적 가치를 긍정적인 관점에서 자세하게 썼다. 톨스토이처럼 그 역시 세상의 모든 직업은 다른 사람의 삶에 보탬이 된다고 생각했던 것이다.

이런 심연수의 성장 과정을 돌아 보면 김수산 선생의 사회주의 사상을 접했을 때 거부감보다는 친숙한 느낌으로 다가왔을 것이 분명하다. 하나를 일러주면 열을 헤아리는 심연수의 영민함과 배움에 대한 열정에 감동한 김수산 선생은, 그를 친자식처럼 여기며 가르쳤다. 어느 날 김수산 선생은 심연수 부모를 찾아와 아들을 큰 사람으로 키우고 싶다면 넓은 바다로 보내야 한다는 말을 했다. 그리고는 그를 보낼 만한 곳으로 용정을 추천했다.

당시 용정은 만주 전체를 통틀어 볼 때 학교 수는 물론 훌륭한 교사가 가장 많은 곳이었다. 신안진보다 공부 여건이 훨씬 좋을 거라는 사실은 분명했다. 큰 물고기는 넓은 강에서 헤엄쳐야 한다는 김 선생의 말을 들은 아버지는 아들의 미래를 위해 신안진을 떠나 용정으로 가기로 결심했다. 연해주를 빠져 나올 때의 당초 목적지가 용정이었던 만큼 또다시 이삿짐을 싸는 마음이 그리 무겁지 않았다. 오히려 용정이 그들에게 '기회의 땅'이 될 지도 모른다는 기대감도 들었다. 이렇게 해서 심연수 가족은 고향을 떠난 후 네번째 유랑의 길에 올랐다.

지금은 시인 윤동주가 태어나고 자란 '윤동주 마을'로 더 유명해져 버린 용정. 박경리의 소설《토지》에서 여주인공 서희가 먼 친척뻘 되는 조준구에게 토지를 빼앗기고 길상과 함께 건너와 독립운동을 전개했던 곳이 용정이기도 하다. 심연수 가족이 이사 온 1935년의 용정은 당시 만주 전체에서 가장 큰 '문화의 도시'였다. 지금은 연길이 조선족 자치주의 주도가 되어 있지만, 조선족 이주 초기는 용정이 북간도의 중심이었다. 일본 통감부 간도 파출소가 용정에 있었고, 후에 영사관도 용정에 설치되었다.

오래 전부터 용정은 '조선인들의 나라'라고 생각될 정도로 많은 한인들이 자리 잡고 있었다. 용정龍井에 최초로 조선족 마을이 생긴 것은 1877년이다. 함경도에 살던 주민 13가구가 해란강 주변에 모여 농사를 시작하면서부터다. 처음부터 그 마을의 이름이 용정은 아니었다. 용정이라는 지명은 조선땅을 떠난 한인들이 낯선 만주 땅에 터를 잡으며 우물을 팠을 때 겪은 일에서 유래되었다. 여러 장정들이 삽으로 땅을 파고 있는데 갑자기 신성한 기운이 우물터 주변에 일기 시작했다. 놀란 일꾼들이 일손을 멈추고 뒷걸음질 칠 때, 우물터 안에서 커다란 용 한 마리가 나오더니 빛을 발하며 하늘로 올라갔다. 그것을 본 사람들이 용이 나온 우물이라고 해서 지명을 한자로 옮겨 '용정'이라 붙였다. 이런 전설을 지닌 용정은 일제 강점기에 해외 독립운동의 중요한 거점 중 하나였다. 지금도 용정에는 조국의 광복을 위해 처절하게 싸웠던 투사들의 흔적이 많이 남아 있다.

심연수의 부모는 이런 신비로운 전설을 품고있는 곳에서 아들 연수를 공부시키면 용꼬리라도 될 지 모른다는 희망을 가졌던 것일까? '용꼬리가 못 되면 뱀머리라도 되겠지' 라는 기대감에 심연수의 부모는 뒤도 돌아보지 않고 또다시 짐을 꾸려 용정으로 향했다. 김수산 선생도 친아들처럼 정이 든 심연수와 헤어지는 것이 못내 아쉬웠다. 그러나 그의 장래와 인재가 절실한 나라의 현실을 감안할 때, 좀더 큰 물로 내보내야 한다고 생각했던 것이다. 그런 자신의 의견에 선뜻 고개를 끄덕여준 심연수의 부모에게 오히려 고마움을 느꼈다. 또 망설임 없이 그런 결단을 내린 부모가 대단해 보이기도 했다.

　　김 선생은 용정으로 떠나는 심연수 아버지에게 종이 쪽지 한 장을 건네 주었다. 거기에는 용정에서 목재 공장을 하는 백인덕 사장이라는 사람의 주소가 적혀 있었다. 그곳에는 미리 말해 두었으니 용정에 도착하면 일단 '백사장네'로 가라고 했다. 열 명이 넘는 대식구의 거처 문제가 해결될 것이라는 말을 듣고 아버지는 고마움에 눈물을 글썽였다. 연수의 아버지는 김수산 선생의 따뜻한 배려가 똑똑한 아들을 둔 덕분이라는 생각이 들었다. 이런 아들을 잘 뒷바라지 해서 반드시 좋은 대학에 보내야겠다는 결심을 다시 한번 마음 속으로 다졌다. 그리고는 아들의 귀에도 못이 박히도록 일러 두었다. 열심히 배우고 익혀서 나라의 훌륭한 인재가 되는 것이 바로 김수산 선생의 은혜에 보답하는 길이라고.

용정에 도착해 '백사장네'를 찾아가니 목재 공장 한쪽에 붙어있는 창고를 임시 거처로 내주었다. 미리 심씨 일가가 온다는 전갈을 받은 백 사장이 창고를 살림이 가능한 상태로 꾸며 놓았다. 전기와 수도도 갖춰져 있어 많은 식구가 그럭저럭 생활할 수 있었다. 심연수 일가는 이번에도 백 사장 등 이역에서 만난 동포들의 도움을 받으며 무사히 용정에 정착하게 되었다. 그때가 심연수 나이가 18살 때였고, 용정의 동흥 소학교 5학년으로 편입했다. 이리저리 떠돌면서 학교를 다니다 보니 18살이 되어서야 정식으로 학교에 들어가게 된 것이었다. 당시에는 심연수와 비슷한 사유로 인해 수염 난 청년들이 소학교에 다니는 것이 전혀 이상한 일이 아니었다. 용정에 짐을 푼 심연수의 부모는 다음 날 새벽부터 들에 나가 부지런히 일을 했다. 이런 모습을 보면서 자신도 농부의 마음가짐으로 열심히 공부하는 것이 의무라고 생각했다.

그런데 어느 날부터인가 자꾸만 연수의 주위를 맴도는 여학생이 있었다. 아침이면 학교 가는 길에 뒤에서 따라 걷거나 어떤 날은 연수 옆에 바짝 붙어서 이것저것 물어보던 여학생인데, 바로 '백사장네' 둘째 딸 백보배다. 연수보다 3살 아래인 백보배에게는 언니 한 명 외에 남자 형제가 없었다. 그래서인지 유난히 심연수를 '오빠'라고 부르며 잘 따랐다. 백보배 역시 동흥 소학교를 다니다 보니 둘의 등교길이 같았다. 처음에는 백보배가 창고집에서 나오는 심연수를 기다리고 있다가 따라 나섰다. 그러다가 언젠가부터는 심연수가 그녀를 먼저 기다리게 되는 날이 많아졌다. 항상 웃는 얼굴에 말재간이 좋고 붙임성 있는 그녀가 연수는 맘에 들었다. 그러나 주인집 딸과 더부살이하는 집안의 학생이라는 신분 차이가 괜히 그를 주눅들게 했다. 백보배가 심연수에게 이런저런 재미있는 얘기를 해도 자존심 때문에 괜히 무게를 잡았다. 그녀는 그런 심연수의 무뚝뚝함에 별로 신경을 쓰지 않았다. 심연수는 그녀의 구김살 없는 성격도 너무 좋았다. 그러나 그때는 마음 속 감정을 어떻게 표현해야 할 지 몰랐다. 집에 돌아와 자신의 그런 마음을 시에 담아내는 것이 전부였다.

백사장네 창고집에서 1년쯤 살다가 심연수네 가족은 해란강 기슭에 집을 마련하여 나왔다. 할아버지와 아버지가 부지런히 일한 덕분에 농사 지을 땅까지 마련한 것이었다. 가족들은 모두 힘을 보태서 열심히 그 땅을 일구었다. 육십이 넘은 할아버지가 논에서 젊은이 못지 않게 일하는 모습을 보면 숙연해졌다. 그럴 때면 심연수의 가슴 속에서 농부에 대한 예찬이 솟구쳐 나왔다. 그가 남긴 글 중에 농부가 흘리는 땀에 대한 경외감을 노래한 시가 많다. 가까이에서 본 농부의 삶으로부터 받은 감동 때문이었으리라.

1937년에 접어들었다. 용정에 온지도 그럭저럭 3년이 지나 갔고 심연수는 어느덧 스무 살 청년이 되었다. 그러나 여전히 바깥 세상은 바람 잘 날 없었다. 일본이 중일전쟁을 일으켰기 때문에 용정을 휘감고 도는 분위기가 어수선했다. 일본은 우리나라를 빼앗은 것도 모자라 중국 땅까지 와서 전쟁을 일으키며 만주에 흩어져 살던 한인들을 괴롭혔다. 신문 기사나 학교 선생님을 통해서 그런 소식을 접한 심연수는 개인의 삶을 짓밟는 거대한 힘과 맞서며 묻고 싶었다. 왜 이렇게까지 해야 하는지. 피 끓는 청춘 심연수의 가슴 속은 뭔가 뜨거운 것이 채워지고 있었다. 스무 살이 된 그 해에 심연수는 그제서야 소학교를 졸업하고 중학교에 진학했다.

용정은 조선인들에게는 오래 전부터 교육의 중심지로 손꼽혀 왔다. 그 시작은 1906년에 이상설이 용정에 세운 '서전서숙'이었다. 그러나 이상설이 네덜란드 헤이그 특사로 떠나면서 관리의 어려움을 겪다가 문을 닫고 말았다. 그 뒤를 이은 것이 '명동서숙'. 1920년대 초반까지 만주의 항일 운동 중심 기지는 두만강 건너 용정으로 가는 길목에 있는 '명동촌'이었다. 한인 집단 부락인 명동촌을 세운 사람은 당시 '만주 대통령'이라 불리던 회령 출신의 기독교인 김약연이다.

서전서숙이 문을 닫자 김약연은 1908년에 명동서숙을 세워 조선인들을 가르치기 시작했다. 나중에 명동서숙은 명동학교로 이름이 바뀌었고, 교장 김약연은 항일 독립운동가 이동휘와도 손을 잡았다. 그러나 이런저런 사정으로 인해 1925년에 문을 닫고 말았다. 명동학교 졸업생으로는 우리나라 최초의 영화감독인 나운규, 시인 윤동주와 송몽규, 문익환 목사 등이 있다. 시인 윤동주의 어머니가 명동학교 교장 김약연의 여동생이므로, 김약연은 윤동주의 외삼촌이었다.

이후 김약연은 은진 중학교로 옮겨 학생들을 가르쳤는데 이런 관계가 있어 윤동주 역시 은진 중학교를 다니게 되었다.

당시 용정의 대표적인 중학교는 크게 두 부류로 구분되었다. 목사이기도 했던 김약연이 몸담은 은진 중학교는 기독교 계열의 학교였고, 심연수가 입학한 동흥 중학교는 천도교 재단에서 설립한 사회주의 계열의 학교였다. 천도교 지도자 손병희가 독립선언문을 작성한 33인의 한 사람으로 참여한 후로 용정에서도 천도교 세력이 확대되었고, 그 결과 학교까지 설립되었다. 동흥 중학교를 세운 사람은 천도교 신봉자인 최익룡이다. 독립운동을 하다 북간도로 망명해온 사람으로, 독립군 단체인 '간도 국민회'에서 사법부장을 지내기도 했다.

심연수가 다닌 동흥 중학교
천도교 재단에서 세운 사회주의 계열의 학교다.

'교육의 도시'라는 타이틀에 걸맞게 용정에는 이들 학교 외에도 대성 중학교, 광명여자 중학교 등 많은 학교들이 있었다. 심연수가 졸업반이던 1939년에 동흥 중학교와 대성 중학교가 통합되면서 '용정 국민 고등학교'로 이름이 바뀌었다. 그가 3학년 졸업반 때 쓴 일기장이나 노트 표지에 동흥 중학교 대신 '용정 국민 고등학교 3학년 심연수'라고 적혀 있는 이유이다.

일제가 지배하는 조선 땅에도 용정의 교육 환경에 대한 입소문이 퍼졌다. 자식들에게 일제의 식민지 교육을 시키고 싶지 않았던 부모들이 이삿짐을 싸 용정으로 건너오거나, 자식들만 유학 시키는 사례가 점점 늘어갔다. 심연수가 다닌 동흥 중학교의 경우만 보더라도 1937년도 졸업생이 9명이었다가 다음 해에는 37명으로 늘어났다. 그 다음 해에도 76명으로 늘어났다가 심연수가 졸업한 1940년에는 211명으로 급증한 기록이 있다. 용정 거주 한인들의 인구가 증가하고, 일제의 식민지 교육정책을 거부하는 부모들이 용정 등으로 아이들을 속속 보낸 결과였다.

심연수가 상급 학교로 진학한 후로 백보배 얼굴 보기가 어려워진 것은 큰 아쉬움이었다. 사는 곳도 다른 데다 학교까지 달라져서 화창한 봄날의 새 소리 같던 그녀의 웃음소리를 듣기가 힘들어진 것이다. 심연수는 소중한 보물 하나를 잃어버린 것처럼 허전했다. 어떻게 하면 보배 얼굴을 볼 수 있을까, 이것은 스무 살 청년의 마음 한 켠에 자리잡은 간절한 그리움이었다. 심연수의 부모는 용정에 정착할 당시 백보배의 부모님에게 받은 은혜를 어떻게든 갚으려고 했다. 백 사장은 온 가족이 먹고 살 기반을 마련해 준 생명의 은인이나 마찬가지였다. 그래서 어머니는 맛있는 음식이라도 하면 먼저 가져다 주고, 아버지는 농사를 지어 수확을 하면 최우선으로 백 사장 집에 쌀가마니를 보냈다. 백 사장네로 심부름 가는 일은 언제나 심연수의 차지였다. 심부름을 핑계로 보배의 얼굴을 보고 오는 것이 당시 그에게는 누구에게도 양보할 수 없는 작은 행복이었기 때문이다.

한편 상급 학교에 진학한 후 심연수에게 찾아온 행복이 또 하나 있었다. 학교에 문예반이 만들어졌고, 거기서 활동하면서 마음껏 책을 읽고 글을 쓸 수 있게 된 것이다.

'하루라도 책을 읽지 않으면 입 안에 가시가 돋는다.'

연해주에 살 때 삼촌 심우택이 알려준 안중근 의사의 이 어록을 중학생이 된 심연수는 몸으로 실천했다. 용정 시내에 큰 도서관이 있었는데, 거기가 심연수의 아지트가 되었다. 《부활》·《안나 카레리나》·《인생이란 무엇인가》 등 톨스토이의 책은 다른 사람의 아픔에 관심을 갖는 인도주의 정신이 얼마나 중요한 삶의 자세인지 깨우쳐 주었다. 또 《죄와 벌》·《카라마조프가의 형제들》 등 도스토예프스키의 책을 읽으며 사람들의 가슴에 혼을 불어넣어 주는 글을 써야겠다는 의지를 불태우기도 했다. 노산 이은상의 시조집도 중학 시절 탐독했던 책 중 하나였다. 그의 유고 작품 속에 수십 편의 시조가 들어있던 것도 한때 그가 이은상이 쓴 시조의 매력에 푹 빠져있었기 때문이었다.

새우잠을 자더라도 고래꿈을 꾸는 사람이 되고 싶은 열혈 청년이 바로 스무살의 심연수였다. 학교 문예반 활동을 하면서 글쓰기에 재미를 붙인 그는 매일 많은 작품들을 써 나갔다. 자신의 시를 다듬어 《만선일보》라는 신문에 투고했고, 시가 신문에 실리면서 그의 이름 앞에는 '용정 시인'이나 '미남 시인' 같은 별명이 따라 붙었다.

이처럼 학생 심연수가 창작 활동을 열심히 할 수 있도록 도움을 준 사람이 있었다. 그가 다니던 중학교에 근무했던 장하일 선생이다. 장하일이 어떤 사람이었는지 《북간도》의 작가 안수길이 해방 후 어느 문학 잡지와의 인터뷰에서 밝힌 적이 있다. 안수길 역시 동흥 중학교 교사로 일했었는데, 가까이서 바라본 장하일을 '문학적 소양을 갖춘 사회주의 운동가'라고 평가했다. 또 안수길은 장하일이 항일 무장 세력과도 관계를 맺고 있었다고 회고했다. 그런 장하일의 부인이 바로 우리 문학사의 한 페이지를 기록하고 있는 여류 작가 강경애다. 그 이야기를 처음 들었을 때 심연수는 자신의 귀를 의심했다. 왜냐하면 당시 그가 존경하던 작가 중의 한 사람이 강경애였기 때문이다.

강경애는 심연수와 장하일이 스승과 제자로 만났을 무렵 《조선일보》에 연재된 소설 《어머니와 딸》로 크게 인기를 끌었던 유명 여류 작가였다. 심연수는 그 소설뿐만 아니라, 1934년에 5개월간 《동아일보》에 연재되었던 강경애의 소설 《인간문제》도 감명 깊게 읽었다. 일제를 상대로 벌이는 농민운동과 노동자의 투쟁을 다큐멘터리처럼 리

얼하게 쓴 《인간문제》는 심연수에게 많은 생각거리를 던져 주었던 소설이었다. 계급 문제를 은유적으로 묘사한 작가의 솜씨에 감탄했고, 다양한 캐릭터의 등장 인물을 만들어낸 작가의 상상력도 부러웠다. 그녀의 작품을 읽은 후 심연수는 시 창작에만 머물지 않고 소설과 희곡 분야에도 도전하며 문학의 장르를 넓혀갔다.

  심연수는 장하일 선생으로부터 그의 부인인 강경애 작가에 대해 좀더 자세히 알게 되었다. 황해도 출신의 강경애는 평양 숭의여학교에 다닐 때 동맹휴학에 참가했다가 제적을 당한 후, 서울 동덕여학교에서 공부했다. 어릴 때부터 문학에 재능을 보인 그녀는 여학교 시절 여러 문예지에 시를 발표하며 활발한 창작 활동을 펼쳤다. 그러다 1929년 사상적 중도파인 작가 염상섭을 비판하는 글을 《조선일보》에 실으면서 세간의 주목을 받기 시작했다. 그 후 여러 신문에 연재소설을 쓰는 등 유명 여류 작가로 이름을 얻다가 장하일 선생과 결혼하면서 용정으로 오게 된 것이다.

  심연수의 창작에 대한 뜨거운 열정을 가까이 지켜본 장하일 선생이 하루는 그를 자신의 집으로 데리고 갔다. 아내 강경애에게 심연수를 소개하고, 그가 쓴 시들을 보여주며 감상평을 부탁했다. 심연수는 자신의 시를 유명 작가로부터 사사받는 기회를 갖게되자 떨리는 한편 감격스럽기도 했다. 강경애는 심연수의 창작시 중에서 〈편지〉란 시를 가장 마음에 들어하며 후하게 평가했다.

### 편지

새로 뜯은 봉투에서 떨어지는

글자 없는 편지

아아! 그것은 간절한 사연

설움에 반죽된

눈물의 지문

떨리던 그 쪽 마음

여기에 씌어졌구나

존경하는 유명 작가에게 문학적 재능을 인정받으며 한층 자신감을 얻은 심연수는 더욱더 정성 들여 책을 읽고 글을 썼다. 그러나 아쉽게도 강경애 작가와의 만남은 그 날이 처음이자 마지막이 되고 말았다. 당시 강경애는 병을 앓고 있었는데, 얼마 후 지병 치료를 위해 용정을 떠났기 때문이다.

중학 시절 심연수는 매일 글을 썼다. 하루라도 쓰지 않으면 입에 가시가 생길지 몰라 불안했던 걸까. 짧은 삶 속에서 시뿐 아니라 시조, 수필, 소설 등 수백 편의 유고작을 남겼다. 어느 해인가는 하루도 빼먹지 않고 쓴 일기도 들어 있었다. 또 그는 중학생 신분으로 조선어 신문인《만선일보》에 작품을 발표했고, 거기에 실린 그의 시 5편은 우리 근대 문학 사료로 남아있다.《만선일보》에 시가 발표되면서 그는 학생 시인으로 이름이 나기 시작했다. 그의 부모는 아들의 시가 실린 신문을 집안의 가보처럼 간직하며 흐뭇해 했다.

한편 심연수가 시인의 길을 뚜벅뚜벅 걸어갈 수 있도록 용기를 준 또 한 사람이 있다. 동흥 중학교에서 음악을 가르치던 윤극영 선생이다. 우리에게는 동요 〈반달〉을 만든 사람으로 잘 알려진 인물이다.

푸른 하늘 은하수 ~ 하얀 쪽배에 ~
계수나무 한 나무 ~ 토끼 한마리 ~

윤극영 선생은 〈반달〉 외에도 〈우산 셋이 나란히〉·〈고기 잡이〉·〈할미꽃〉 등 많은 노래 가사를 써서 자신의 이름으로 동요집을 냈다. 심연수는 멋진 멜로디도 물론 좋았지만, 가사로 쓰인 동시가 더 마음에 들었다. 게다가 그 동시가 많은 사람들에 의해 노래로 불려진다는 사실이 너무 부러웠다. 윤극영 선생을 가까이 지켜보면서 자신도 멋지고 아름다운 시를 써서 시집도 내고, 그 시가 노래로 만들어져 많은 사람들의 사랑을 받는 꿈도 꾸었다.

이렇게 문학 청년으로 쑥쑥 성장하고 있는 심연수에게 어느 날 불쑥 백보배가 찾아왔다. 오랜만에 백보배를 만난 그는 한껏 마음이 들떴다. 그동안 자신이 쓴 시를 그녀에게 보여주러 한번 찾아가려던 참이었는데, 그녀가 먼저 찾아오니 여간 반가운 것이 아니었다. 심연수의 시가 신문에 실렸다는 소식을 들었던 걸까. 아니면 그녀의 친구들이 혼자 짝사랑 하지말고 한번 찾아가 보라고 부추겼던 걸까. 심연수는 반가움에 자기도 모르게 보배에게 손을 내밀었다. 그런데 그녀는 내민 손을 잡지 않고 그의 손에 책 한 권을 쥐어 주었다. 그녀가 내민 것은 《카톨릭 소년》이라는 잡지였다. 거기에는 다른 중학교에 다니는 윤동주라는 학생의 시가 실려 있었다. 〈오줌싸개〉와 〈애기의 새벽〉이라는 두 편의 동시였다. 용정의 다른 학교에도 시 잘 쓰는 학생이 있다는 소문을 들었지만, 실제로 윤동주의 시를 읽어보기는 그때가 처음이었다

| 오줌싸개 지도 | 애기의 새벽 |
|---|---|
| 빨래 줄에 걸어놓는 | 우리 집에는 |
| 요에다 그린 지도 | 닭도 없단다 |
| 지난 밤에 내 동생 | 다만 |
| 오줌 싸 그린 지도 | 애기가 젖 달라 울어서 |
|  | 새벽이 된다 |
| 꿈에 가 본 엄마 계신 | 우리 집에는 |
| 별나라 지돈가? | 시계도 없단다 |
| 돈 벌러간 아빠 계신 | 다만 |
| 만주 땅 지돈가? | 애기가 젖달라고 보채서 |
|  | 새벽이 된다 |

용정의 또다른 문학도가 쓴 시를 받아본 심연수는 마치 오랜 친구를 만난 것처럼 기뻤다. 그 자리에서 윤동주의 시를 수십 번 읽어 보았다. 간결하지만 많은 의미를 담아내는 윤동주의 시적 감수성이 훌륭해 보였다. 선후배로 사귀면 좋은 문학 동지가 될 것 같다는 심연수의 말에, 백보배는 내친 김에 윤동주의 집으로 찾아가 만나자며 그의 팔을 잡아 끌었다. 그녀가 심연수의 동생 해수와 윤동주의 동생 광주가 친구 사이란 걸 알고 해수를 통해 윤동주의 집 주소를 알아왔던 것이었다.

용정가 제 2구 1동 36호

보배의 손에 끌려 윤동주의 집을 찾아갔지만, 아쉽게도 윤동주를 만날 수 없었다. 연희전문학교에 입학하게 되면서 얼마 전에 조선으로 떠났기 때문이었다. 그 이후로도 심연수와 윤동주는 대면하지 못했다. 용정뿐만 아니라 일본 도쿄에서도 같은 시기에 공부를 했던 두 사람이지만 결국 마주하지 못하고 같은 해에 앞서거니 뒤서거니 죽음을 맞고 말았다.

심연수가 죽은 후 그가 남긴 물품을 정리하던 가족들은 유품 속에서 뜻밖에 윤동주의 애장품 한 가지를 발견했다. 윤동주가 직접 오려 붙여 만든 신문기사 스크랩북이었다. 일제 강점기 당시 조선 땅에서 발행된 주요 신문에 실린 각종 문학 관련 기사와 유명 문인의 글들이 보기 좋게 정리되어 있었다. 심연수의 막내 동생 해수도 형을 닮아 어릴 적부터 문학에 관심이 많았는데, 친구였던 윤동주의 동생이 자기 형의 스크랩북을 빌려주었던 것이다. 어찌된 사연인지 모르지만 그것을 되돌려줄 시간을 미처 갖지 못해 윤동주의 스크랩북이 심연수의 유품 속에 지금까지 남겨졌다.

  심연수가 고등학교 졸업반이 되던 해에 비극적인 일이 닥쳤다. 집안의 큰 어르신인 할아버지가 비명횡사를 하게 된 것이었다. 불의를 보면 참지 못하는 성격 때문에 젊은 시절 유치장을 들락거렸던 할아버지였다. 예순이 넘어서도 소 한 마리 너끈히 때려 눕힐 수 있는 힘을 가지고 있었고, 하루 종일 밭에 나가 삽질을 해도 다음날 새벽이면 거뜬하게 일을 나가던 강골무인이었다.

  할아버지 심대규의 죽음을 요약하면 이렇다. 심연수네 집이 있는 해란강가에 방둑이 있었는데, 그 방둑에는 집도 절도 없는 유랑민들이 모여살고 있었다. 그런데 어느 날 일본인이 운영하는 비료 회사가 해란강 방둑 근처에 공장을 세운다며 하루 아침에 강제 철거 명령을 내린 것이다. 보상은 한 푼도 해주지 않은 채 무조건 짐을 싸 나가라고 엄포를 놓았다. 유랑민들이 모여들어 항의했지만, 계란으로 바위 치기나 다름 없었다. 그 장면을 목격한 할아버지가 나섰다. 살 곳을 마련해 주고 나가라고 할 것이지, 무작정 쫓아내면 그게 날강도 아니냐며 따져 물었다. 상대방도 물러서지 않고 거칠게 맞섰고, 유랑민들도 할아버지를 응원하며 나섰다. 자칫 집단 싸움으로 번질 뻔한 상황이 벌어지자 비료 회사에서 경찰을 끌어 들였다. 그렇게 옥신각신 하다가 한 경찰이 할아버지의 뺨을 때렸고, 화가 치민 할아버지도 거칠게 밀어 붙이며 몸싸움을 했다. 그러던 와중에 일본 경찰이 총을 꺼내 들어 쏘았고, 총탄에 맞은 할아버지는 그 자리에서 숨지고 말았다. 심연수는 아버지와 함께 할아버지를 쏜 경찰을 찾아 처벌하려고 백방으로 뛰어다녔다. 그러나 일제의 교묘한 발뺌과 겁박으로 결국 손을 놓아야 했다.

 장례를 치르는 동안 심연수는 통곡하며 할아버지를 외쳐 불렀다. 고향 강릉을 떠나기 전날 할아버지와 손을 잡고 경포 해변 백사장을 거닐며 나눈 대화가 생각났기 때문이다.
 "할아버지, 우리 언제 다시 강릉으로 돌아와요?"
 "일본 놈들이 망하고 우리가 나라를 도로 찾으면 돌아와야지. 자기가 태어나고 자란 고향만큼 좋은 데가 어디 있을라고."
 결국 그토록 그리워했던 고향으로 돌아오지 못한 채 이국 땅에서 허망하게 세상을 떠난 할아버지…. 고달프고 억울했던 할아버지의 일생은 이후 심연수의 삶과 문학에 많은 영향을 끼쳤다.

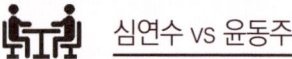 심연수 VS 윤동주

같은 시공간을 살아가면서 왜 그들은 마주 앉지 못했나?

| 심 연 수 | 윤 동 주 |
|---|---|
| 강릉의 가난한 소작농 집안의 장남 | 용정의 부유한 기독교 집안의 장남 |
| 1918년 5월 출생 | 1917년 12월 출생 |
| 1925년 가족과 연해주로 이주 | 1925년 용정 명동 소학교 입학 |
| 1931년 중국 밀산, 신안진 생활 | 1931년 명동 소학교 졸업 |
| 1935년 용정에 정착, 동흥 소학교 5학년 편입 | 1935년 용정 은진 중학교에서 평양 숭실중학교로 편입 |
| 1937년 용정 동흥 중학교 입학 | 1936년 평양 숭실 중학교 자퇴, 용정 광명학원 중학부 5학년에 편입 |
| 1940년 동흥 중학교 졸업 | 1940년 연희전문학교 재학 |
| 1941년 일본 니혼대 문학부 입학 | 1941년 연희 전문학교 졸업 |
| 1942년 몽양 여운형과 만남 | 1942년 릿쿄대 영문과 편입 |
| 1943년 징집 피해 용정으로 귀향 | 1943년 일본 경찰에 검거 후 투옥 |
| 1945년 8월 일본 경찰에 피살 | 1945년 2월 일본 형무소에서 사망 |

## 더 알아보기

심연수의 시가 실린 《만선일보》란 어떤 신문인가?

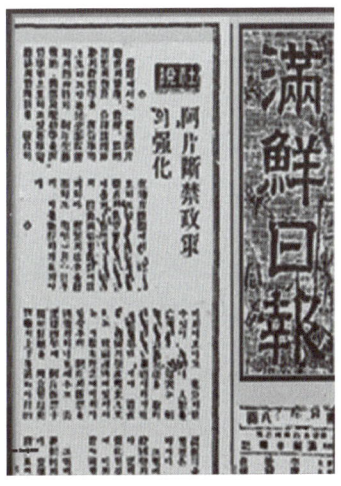

《만선일보》의 만선은 만주와 조선을 합쳐 만든 이름이다. 이 신문은 조선인이 많이 살던 용정의 《간도일보》와 만주국 수도인 신경(장춘)의 《만몽일보》가 통합하여 발간되었다. 만주사변 이후 위성 국가 만주국을 세운 일본제국이 원활한 식민 통치를 위하여 만주 지역에 살고있던 여러 민족의 언어로 낸 기관지가 《만선일보》이다.

신문사의 고문엔 최남선, 편집국장엔 작가 염상섭, 사회·학예부장엔 시인 박팔양 등이 몸 담았던 곳인데, 실권은 일본이 갖고 있었다. 이들 외에도 안수길, 홍양명, 이갑기, 손소희 등 여러 문인이 인연을 맺은 신문이기도 하다. 이 신문은 1945년 8·15 해방 때까지 발행되었다. 박영준의 《쌍영雙影》, 염상섭의 《개동開東》, 안수길의 《북간도》 등의 소설이 실렸었다.

당시 우리 작가들이 이곳 용정에서 일본인이 운영하는 신문사에 글을 쓰게 된 불편한 진실은 다음과 같다.

1930년대 말 일제는 총독 미나미 지로를 앞세워 '황민화 정책'을 실시하며 우리 민족정신의 말살을 획책했다. '내선일체'라는 모토 아래 신사참배, 창씨개명은 물론 모든 교육 내용을 일본과 동일하게 했다. 학교에서 우리말 교육은 완전히 폐지되었고, 일상 생활에서도 사용이 금지되었다. 1940년부터 일제는 《조선일보》·《동아일보》 등 우리말 신문을 폐간시키고, 〈조선어학회〉·〈진단학회〉 등을 강제 해산시켰다. 우리말로 마음대로 말하지도 글도 쓰지 못하는 국내 사정과 달리 용정의 《만선일보》에서는 우리말로 작품을 발표할 수 있어 많은 작가들이 여기에서 활동했던 것이다.

다시 생각해보는 인물 역사

### 문학 청년 심연수에게 영향을 준 작가 2인

1. 일제 강점기 대표 여류 작가 강경애

　심연수의 동흥 중학교 시절 스승인 장하일 선생의 부인으로 인연을 맺었던 여류 작가 강경애姜敬愛(1906~1944). 그녀의 삶은 식민시대의 아픔 만큼이나 평탄하지 않았다.

　강경애는 1906년 4월 20일에 황해도 송화에서 태어났다. 다섯 살 때 아버지가 세상을 떠나자 의붓 아버지 밑에서 자랐다. 이 시기에 겪었던 마음의 고통과 가난이 나중에 그녀의 작품 세계에 큰 영향을 끼쳤다. 1921년에 평양 숭의여학교에 입학하였으나, 동맹휴학에 가담했다는 이유로 1923년에 퇴학 처분을 받고 말았다.

그후 서울로 올라와 동덕여학교 3학년으로 편입하여 1년간 공부한 다음 다시 귀향하여 야학과 신간회 등 여러 사회 계몽 운동에 참가했다.

1931년 《조선일보》에 발표한 단편소설 ≪파금破琴≫이 문단 데뷔작이다. 장하일과 결혼하고 간도로 이주한 후에도 활발한 작품활동을 펼쳤다. 《조선일보》에 연재하여 인기를 끌었던 장편소설 ≪어머니와 딸≫은 당시 여성들이 받고 있던 억압을 다양한 사회적 관계 속에서 보여주는 작품이었다. 최하층 여성의 삶을 통해 식민의 현실과 계급 차별의 모순을 고발한 장편소설 ≪인간문제≫도 그녀의 대표작으로 꼽힌다. 1939년에는 《조선일보》 간도 지국장을 지냈으며, 풍토병과 과로로 건강이 나빠지자 남편과 함께 1942년 귀향했으나 1943년 세상을 떠났다.


2. 국민 동요 〈반달〉의 작곡가 윤극영

〈반달〉, 〈설날〉, 〈달맞이〉 등 지금도 아이들이 즐겨 부르는 동요를 만든 작곡가 윤극영尹克榮(1903~1988). 그는 심연수의 동흥 중학교 음악 선생님이었다. 심연수가 자신의 이름을 내건 시집을 내야겠다는 꿈을 품은 계기가 된 것이 윤극영 선생이 발행한 ≪윤극영 동요집≫이었다.

윤극영은 1903년 경성(지금의 서울)에서 태어났다. 경성 고등보통학교를 거쳐 1921년 경성 법학전문학교를 중퇴했다. 이후 일본으로 건너가 도쿄 음악학교에서 성악과 바이올린을 전공했다. 1923년 우리나라 최초의 어린이 문화운동 단체인 '색동회' 창립 멤버였으며, '다리아회'를 조직하여 어린이 동요 창작 운동을 전개했다. 그 후 만주 용정으로 건너가 동흥중학교, 광명중학교, 광명고등여학교 등에서 음악 교사를 했다. 학생들을 가르치면서도 〈제비 남매〉, 〈우산 셋이 나란히〉, 〈고기잡이〉, 〈외나무다리〉 등을 작곡하며 왕성한 창작 활동을 했다.

1940년에 접어 들면서 교사를 그만두고 중국 하얼빈에 가서 〈하얼빈예술단〉을 창단하여 예술 공연 활동을 시작했다. 예술단을 데리고 만주 여러 곳을 다니며 공연을 했으며, 일본 패전 후에는 공산당 경비대에 붙잡혀 옥고를 치루기도 했다. 우여곡절 끝에 1947년 귀국한 윤극영은 어린이 문화운동가로 활약했다. 동화·동요·그림·연극 등의 활동을 지원하는 단체인 〈동심문화원〉을 설립하여 운영하다가 1988년에 세상을 떠났다.

〈제1회 소파상〉을 수상했고, 서울교육대학이 제정한 〈고마우신 선생님〉에 추대되었으며, 1970년에는 국민훈장 목련장을 받았다

# 도쿄에서 몽양 여운형을 만나다

지독하게 고생만 하다가 속절없이 세상을 떠난 할아버지의 죽음을 맞은 심연수는 좀체 마음을 잡기가 힘들었다. 그래서 겨울방학을 이용해 혼자서 훌쩍 북만주 여행길에 올랐다. 매서운 눈보라와 세찬 바람 소리가 홀로 떠난 여행에서 친구가 되어 마음을 달래 주었다. 처음 가보는 낯선 마을을 걸으며 보고 느낀 것을 일기에 기록했고 시로 썼다. 그에게 있어 글을 쓴다는 것은 일종의 정신 단련과 같았다. 북만주 지역을 돌아다니는 중에 만난 하층민들의 고달픈 삶은 그에게 그리 낯설지 않았다. 8살에 함께 뛰어놀던 친구들과 헤어져 먼 낯선 땅 연해주로 이주하고 정착하는 고달팠던 시절을 겪었다. 중앙 아시아 강제 이주를 피해 또 다시 만주 이곳 저곳을 떠돌며 가족들과 함께 뼈빠지게 노동을 해야만 했던 시기도 있었다. 먹고 살기 위한 생존 싸움은 여전히 진행 중이었다. 따라서 여행길에 만난 가난한 사람들의 초라한 삶이 심연수에게는 충분히 낯익은 모습이었다. 그런데 여행자의 입장에서 그들을 바라보니 좀 다른 생각이 들었다. 힘겹기만 하고 희망은 보이지 않는 하층민들의 삶에서 불평등과 억울함이 느껴지는 것은 왜일까. 심연수는 입술을 깨물었다. 이번 여행을 통해 다른 사람의 책을 읽는 간접 경험도 소중하지만, 직접 겪으며 느끼는 감정과 통찰만큼 작가에게 중요한 것이 없다는 사실을 다시 깨닫게 되었다.

북만주 여행에서 돌아온 후 심연수는 글쓰기에 더 많은 시간을 보냈다. 문학이 다른 사람의 마음을 움직이고, 꿈을 갖게해 주고, 결국에는 그들의 삶을 바꿔줄 수 있는 혁명의 도구가 될 수 있다는 확신을 갖게 된 것이다. 이전까지 그는 농부를 최고의 직업으로 생각했다. 그래서 중학교 졸업 후 자신도 부모가 평생 걸어온 농부의 길을 걸어야겠다는 생각을 해왔었다. 그러나 북만주 여행을 통해 많은 것을 보고 느끼고 체험한 심연수는 대학에 가기로 마음을 먹었다. 문학을 전문적으로 공부한 후 '계몽적인 작가'가 되어, 사람들의 생각과 삶의 질을 높여주고 싶다는 포부를 갖게 된 것이다.

이런 심연수의 생각을 더욱 확실하게 굳혀주는 계기가 또 찾아왔다. 고등학교 졸업 여행을 간다는 발표가 있었다. 무려 17일 동안 서울과 평양, 여순, 하얼빈 등 10개 도시를 탐방하는 '대장정 로드'였다. 보름이 넘는 장기 여행이다 보니 1인당 경비가 150원이나 되었다. 당시 집안 형편으로서 부담이 되는 큰 금액이었다. 그는 부모님에게 그런 걱정을 주고 싶지 않아 졸업 여행 이야기를 꺼내지 않았다. 그런데 형의 마음을 눈치챈 아래 동생 호수가 아버지에게 졸업 여행 얘기를 전했다. 아버지는 졸업 여행이 단순히 놀러가는 행사가 아니라 4년 동안 배운 것을 직접 눈으로 확인하는 체험 활동 아니냐며 오히려 그를 나무랐다. 아버지는 아들이 세상 돌아가는 이치도 깨닫기를 바랐다. 또 일제가 짓밟고 있는 조선과 만주 땅을 둘러보면서, 앞으로 무슨 일을 해야할지 진지하게 생각하는 기회를 가져보기를 기대했다. 아버지는 두말 없이 쌈지돈을 꺼내 여행 경비를 내주었다.

심연수가 입학한 동흥중학교는 1939년에 대성 중학교와 합병해서 '용정 국민 고등학교'로 이름이 바뀌었다. 고등학교 졸업반 때 친구들과 함께 찍은 사진 (뒷 줄 오른쪽)

1940년 5월 5일, 드디어 졸업여행을 떠나는 날이다. 집결 장소인 용정역에 나간 심연수는 커다란 가방을 메고 삼삼오오 모여 떠드는 친구들을 보자 비로소 실감이 났다. 이번 여행에 고향 강릉이 일정에 없어 아쉬웠지만, 그래도 자신이 태어난 고국 땅을 밟는다고 생각하니 설레임이 밀려왔다. 어릴 때 떠나온 이후로 처음 밟는 고국 땅 아닌가. 기차를 타고 압록강 철교를 건널 때 아래로 흐르는 푸른 물결을 보자 심연수의 가슴이 저며왔다. 강물을 보니 15년 전 두만강을 건너던 때가 생각났다. 자손들을 거느리고 힘겹게 강을 건너던 할아버지의 거친 숨소리가 들리는 듯했다. 자신은 다시 강을 건너 조국으로 가고 있는데…. 먹고 살기 위해 잠시 두만강을 건너왔지만 살아서 다시 그 강을 건너가지 못한 사람이 자신의 할아버지뿐이겠는가. 이러한 단상들이 그의 머리 속에서 서글픈 시 구절로 터져 나왔다. 주변에서 난생 처음 장거리 기차 여행을 떠나온 친구들의 환호성이 들려왔다. 웃는 소리, 재잘대는 소리, 한껏 흥이 오른 노래 소리…. 그런 혼잡한 소리들이 오히려 심연수의 마음 속 깊이 들어있던 낭만적 감수성을 자극했다. 심연수는 조용히 글을 써내려 갔다.

　서울에 도착해서 경복궁과 남대문을 둘러 본 후, 친구들과 어깨동무하며 종로 거리를 휘젓고 다녔다. 개성에서는 선죽교를 밟아 보았고, 평양에서는 을밀대에 올라 시를 썼으며 난생 처음 평양 냉면을 맛보았다. 신경(장춘)에 갔을 때는 자신의 시를 실어준 《만선일보》를 찾아가 보기도 했다. 안중근 의사가 수감되고 처형 당한 여순 감옥을 구경할 때는 삼촌 심우택의 모습이 떠올랐다. 열 살짜리 조카에게 안중근 의사의 위대한 삶을 이야기하며, 자신의 포부를 줄줄 읊어주던 삼촌은 지금 뭐하고 계실까? 항일 부대에서 능력을 인정을 받아 지휘관 자리에 올랐을까? 벌판 어딘가를 달리며 일본군과 전투를 벌이고 있을까? 살아는 계실까? 생전의 할아버지가 늘 걱정하던 아들이 바로 삼촌이라는 사실이 떠오르자 더욱 그가 그리웠다.

심연수의 시 '여창의 밤' 이 적힌 육필 원고지

17일간의 졸업여행을 다녀온 심연수의 가방 안에서 64편의 시와 기행문 등 어마어마한 양의 글들이 나왔다. 그는 자신이 쓴 시들이 어느 정도 쌓이면 항상 동생 호수에게 맡기며 잘 보관해 두라고 일렀다. 그의 글 중에는 일제의 심기를 불편하게 만드는 내용이 들어있는 것도 많았다. 혹시 자신이 검문이라도 당하면 그 원고들을 빼앗길 지도 모른다는 걱정을 했기 때문이다. 동생 호수는 동요집을 펴낸 윤극영 선생처럼 시집을 내고 싶다는 형의 이야기를 귀에 못이 박히도록 들어왔다. 그래서 그는 늘 형이 맡겨 둔 시들을 귀한 보물처럼 다뤘다. 졸업 여행 가서 이렇게 많은 시를 써 왔으면 구경은 고사하고 제대로 먹기라도 했겠냐며 형을 걱정했다. 다른 형제들은 모두 공부나 책에 관심이 많았는데 유독 아래 동생 호수만 공부는 제쳐 놓고 오직 농사일에만 흥미를 가져 심연수는 은근히 그가 걱정되었다. 그래서 '하루라도 읽지 않으면 입에 가시가 돋는다'는 안중근 의사의 어록을 동생 호수의 귀에 자주 심어 주었다. 예전에 삼촌이 자신에게 그랬던 것처럼.

당시 용정에는 대학이 없었다. 그래서 고등학교를 졸업하면 하얼빈이나 경성(지금의 서울)의 대학으로 진학하여야 했다. 일본으로 유학을 떠나는 학생들도 많았다. 물론 비싼 학비와 생활비를 부담할 만한 형편이 되는 경우의 이야기다.

집안 형편을 생각하니 대학 진학 얘기를 쉽게 꺼낼 수가 없었다. 그런 아들의 마음을 알아챈 아버지가 먼저 심연수를 앞혀 놓고 대학에 원서를 쓰라고 당부했다. 고향을 떠나 유랑민처럼 살아 왔지만 자식 한 명이라도 어엿한 대학에 보낼 희망을 품고 있던 아버지였다. 심연수는 고맙기도 했지만 한편으로는 마음에 부담이 되기도 했다. 자신의 대학 진학에는 분명히 동생들의 희생이 뒤따를 것이기 때문이었다.

부모의 지원과 형제들의 희생 속에 심연수는 일본대학 예술학원 창작과에 입학하여 현해탄을 건너게 되었다. 우리 문학을 하기 위해 서울로 갈 생각도 해 보았지만, 당시 조선의 상황은 암울했다. 민족문화말살 정책을 펼치던 일제가 아예 우리말을 사용하지 못하도록 조선어 교육을 폐지해 버렸다. 식민지 조선의 대학으로 가봐야 우리말을 배울 수도, 쓸 수도 없었다. 그럴 바엔 차라리 제대로 된 문학 이론이라도 배우자는 생각에서 선택한 것이 일본 유학이었다.

일본으로 떠나기 전날, 심연수의 아버지는 용정에 왔을 때 많은 도움을 주었던 백 사장과 김기숙 장로 가족을 집으로 초대했다. 그들 덕분에 용정에 무사히 정착을 했고, 아들 연수가 일본 유학까지 가게 된 것에 대한 고마움을 전하고 싶었다. 그날 연수네 집에 모인 사람들은 모두 젊은 시인의 새로운 출발을 축하해 주었고, 자기 일처럼 기뻐했다.

그러나 딱 한 사람, 백보배의 얼굴만은 그리 밝지 않았다. 어른들이 건네주는 술잔을 한두 잔 마신 연수는 술김에 용기를 내서 백보배 옆으로 다가갔다. 잘 웃고 재잘재잘 얘기도 잘 하던 그녀가 그날 따라 웃지도 않고 말수도 적은 것이 여간 신경 쓰이지 않았다. 그런데 그런 그가 보배에게 한다는 소리가 고작 "공부 열심히 하라"는 말뿐이었다. 그가 쓴 시에는 사내다운 장부 기질이 넘쳐나건만, 정작 그녀 앞에서는 좋아하는 마음을 어떻게 표현해야할 지 몰랐던 것이다. 둘은 얼굴을 처음 본지도 4년이 넘었고, 서로의 호감을 이심전심으로 알고 있었다. 여학교에 다니는 보배에게 이제 숙녀티가 물씬 풍겨났고, 심연수에게 그런 그녀가 결혼하고 싶은 여인으로 보이기 시작한 지도 오래되었다. 그러나 내일이면 멀리 떠나는 몸인지라 거창한 약속을 하는 것이 무책임한 태도란 생각에 더욱 망설여졌다. 편지를 자주 하겠다는 말로 보배를 향한 그의 진심을 조금 내어 보이자 그녀는 그제서야 환한 웃음을 지어 보였다.

심연수가 18살, 백보배가 15살 때 두 사람은 처음 만났다. 심연수 가족이 용정에 왔을 때 백보배의 아버지가 도움을 주었던 인연이었다. 그 후 둘은 첫사랑을 키워 나가다 거의 10년 후에서야 부부가 되었다.

다음날 심연수는 용정역에서 기차를 타고 처음으로 가족을 떠나 홀홀단신 먼 길을 떠났다. 원산까지 가는 동안 연수의 머리 속은 복잡했다. 무사히 공부를 마치고 졸업할 수 있을지, 조선인을 괴롭히는 학교 분위기는 아닌지. 학비와 하숙비는 집에서 보내준다고 했지만 생활비와 책값 등은 벌어서 써야 하는데, 일자리는 수월하게 구할 수 있을지…. 연수는 호주머니에 깊이 넣어둔 '고학증苦學證'을 꺼내 다시 한번 확인해 보았다. 연수가 졸업한 학교 선생님이 일본 가서 일자리 구할 때 필요할 지 모른다면서 만들어준 증명서였다. 부산항에 도착해 일본으로 가는 연락선을 탔다. 뱃머리에 서서 망망대해를 바라보자 집 떠난 지 얼마 되지도 않았는데 벌써 외롭다는 생각이 들었다. 바다 바람이 차가워서 그런지 마음이 이루 말할 수 없이 스산해졌다. 연수는 가방에서 검정 털목도리를 꺼내 목에 둘렀다. 보배가 손수 짜서 떠나는 연수에게 준 목도리다. 한결 마음이 따뜻해졌고, 그녀를 위해서라도 이 악물고 공부해야겠다는 의지가 솟아 올랐다.

무사히 일본에 도착한 심연수는 미리 정해둔 하숙집을 찾아갔다. 그는 짐을 풀기도 전에 우선 부모님께 편지부터 썼다. 무사히 잘 도착했다는 말과 함께, 어려운 형편에 공부할 수 있게 해주어서 고맙다는 말도 잊지 않았다. 일본 대학의 합격증을 받았을 때부터 일본에 도착할 때까지 심연수의 마음 속에는 부모님에 대한 고마움과 동생들에 대한 미안함으로 늘 가슴 한 쪽이 무거웠다. 그들에게 빚진 마음을 갚는 길은 열심히 공부해 무사히 졸업을 하는 것이리라. 심연수는 마음을 가다듬기 위해 심호흡을 깊게 내쉬었다. 그리고 원고지를 꺼내 타국에 홀로 떨어진 첫날의 심사를 써내려가기 시작했다.

> 누구를 찾아서
> 험한 길 헤맸던고
> 가시에 찢긴 살
> 오! 무참한 청춘의 피!

심연수는 대학 등교 첫날에 운 좋게도 마음이 맞는 조선인 친구를 사귀게 되었다. 눈빛에서 풍겨나오는 거침없는 자신감이 옆에 있는 사람조차 으쓱하게 만드는 인물이었다. 같은 과의 문학도로서 식민지 조선에서 유학 온 동갑내기였다. 그 친구가 바로 《몽양 여운형 평전》을 쓴 이기형이다. 현재 그는 우리 역사에 통일 운동가이자 민족 시인으로 자리매김하고 있는 인물이다. 또 몽양 여운형의 뒤에서 늘 그를 도운 까닭에 '몽양 여운형의 소울 메이트'라는 별명을 얻기도 한 사람이다. 심연수와 이기형은 호탕한 성격과 옳고 그름에 분명한 목소리를 내는 기질이 비슷해 금세 절친으로 발전했다.

수십 년의 세월이 흐른 후 이기형은 어느 잡지의 기고문에서 심연수를 '친한 내 친구'라 소개하며 가슴 깊숙이 간직했던 그와의 추억을 꺼내 놓았다. 같은 과 친구들 중에서 문학에 대한 열정이 가장 뜨거웠고, 저항 의지도 높았던 사상적 동지가 심연수였다는 것이 이기형의 기억이다. 20대 초반의 청년 심연수와 이기형. 빛나던 청춘의 한때를 함께 보낸 두 사람. 만약 심연수가 죽지 않았더라면 해방 후 자신과 비슷한 행보를 걷지 않았을까 하는 생각도 해보았으리라.

심연수와 이기형은 교정에서 만난 첫날부터 의기투합 되었다. 시 쓰기를 좋아하는 문학도인데다가 사회주의적 사상 베이스도 비슷하게 맞아 떨어진 것이다. 두 사람은 학교 교정이나 하숙집에서 자주 만나 서로의 창작시를 바꿔가며 감상하고 낭송했다. 때로는 술잔을 기울이며 시국에 대한 울분을 털어놓는 허물 없는 친구가 되어갔다.

심연수의 일본 유학 시절, 같은 대학 같은 과를 다닌 인연으로 만난 민족 시인 이기형(왼쪽 사진). 1980년 이후 민주화와 통일 운동에 뛰어든 대표적인 재야 인사 중 한 명으로 꼽히는 이기형의 별명은 '몽양 여운형의 소울 메이트'이다. 몽양이 피살 된 후 창작 활동을 완전히 접었다가 1984년 《여운형 평전》으로 집필을 다시 시작했다.

심연수와 이기형은 서로의 개인사에 대해 훤하게 알 정도로 절친한 관계가 되었다. 함경남도 함주 출신의 이기형은 12살 때 야학을 다니면서 항일 정신을 키우게 되었고, 자연스럽게 독립운동에도 관심을 가졌다. 어릴 적부터 글 쓰는 재주가 뛰어났던 이기형은 소설가 한설야, 시인 임화 등과도 교우하며 문학적 재능을 키웠다. 그러다 몽양 여운형을 만나면서 그의 삶은 독립투사의 길로 접어 들었고, 그런 몽양의 사상과 정치 철학을 친구 심연수에게도 심어주려 노력했다. 심연수는 불의를 그냥 지나치지 못하는 이기형의 꼿꼿함에 자극을 받았고, 그가 늘 입버릇처럼 말하는 '행동하는 지식인'이 되어야한다는 결기에도 공감하게 되었다. 이기형은 심연수의 팍팍한 일본 생활에 든든한 지원군 노릇을 해주었다. 그렇게 두 사람은 서로에게 영향을 주고 받으면서 우정을 쌓아 나갔다. 심연수는 솔직 담백하고 패기 넘치는 친구가 옆에 있는 덕분에 유학 생활의 힘든 고비들을 잘 넘어갈 수 있었다.

 심연수의 유학 생활에 즐거움이 되어준 것이 또 하나 있었다. 그것은 중학교 시절 그의 아지트였던 용정 도서관보다 스무 배가 넘는 규모의 대학 도서관이었다. 세상의 모든 책들이 다 모여있는 듯했다. 전 세계 작가들이 쓴 문학 전집은 물론이고 칸트, 헤겔, 하이데거 등 평소 읽고 싶었던 세계적인 철학자의 책들도 쉽게 빌려 읽을 수 있었다. 니체의 ≪자라투스트라는 이렇게 말했다≫는 얼마나 빌리고 또 빌려서 읽었는지, 같은 하숙집에 살던 한 친구가 보다 못해 선물로 사다줄 정도였다. 니체 외에 대학 시절 심연수가 심취했던 작가 중의 한 사람이 바로 타고르다. ≪세계 대사상전집 39권≫중 타고르 부분을 필사한 두툼한 노트 2권도 그의 유품 속에 들어 있었다. 아시아 최초로 노벨문학상을 받았던 타고르가 일제 강점기라는 암흑 속에 살고있는 식민지 조선의 백성들에게 용기와 희망을 주기 위해 쓴 시가 바로 〈동방의 등불〉 아니었던가. 심연수의 시 중에 〈등불〉이란 시가 있다. 아무래도 타고르의 〈동방의 등불〉을 읽고 답가 형식으로 쓴 시가 아닐까 싶다.

> 일찍이 아시아의 황금 시기에
> 빛나던 등불의 하나 코리아
> 그 등불 다시 한번 켜지는 날에
> 너는 동방의 밝은 빛이 될지니...
>
> - 타고르 -

가능하면 도서관에서 책을 빌려 보며 지출을 최소화 했지만, 세끼 식사와 생필품을 해결하는 것에도 적지 않은 돈이 필요했다. 심연수는 생활비를 스스로 벌어 충당하려 했다. 그러나 연이어 확대되는 전쟁의 여파로 일본 내 경제 상황이 나빠져 아르바이트 구하기가 쉽지 않았다. 일자리도 별로 없었지만 조선인에게는 기회조차 주지 않으려는 분위기도 팽배해 있었기 때문이다. 용정에서 보내온 돈이 떨어지면 굶는 날이 많았다. 특히 시험기간에는 공부하느라 일을 나갈 수 없어 부득이 용정으로 돈을 보내 달라는 편지를 써야만 했다. 그것은 여간 큰 마음의 부담이 아니었다. 나중에 그가 유품으로 남긴 일기장에는 부모님과 동생에 대한 미안함과 부끄러움이 한가득 들어있었다. 그래도 마음 터놓고 고민을 나눌 수 있는 친구가 옆에 있어 다행이었다. 친구 이기형은 그런 심연수에게 일자리를 대신 넘겨주거나 집에서 돈이 부쳐오면 융통을 해주기도 했다.

일본 유학시절, 같은 집에 살던 하숙생들과 함께(가운데) 찍은 사진

유학 온지 반년 정도 시간이 흘러 점차 일본 생활에 적응이 되어갔다. 그제서야 심연수는 비로소 보배에게 편지를 쓸 수 있을 정도의 마음의 안정을 되찾았다. 그녀에게 보낸 편지는 주로 친구 이기형에 대한 이야기와 자신이 읽고 있는 책을 요약한 내용이 대부분을 차지하였다. 그래도 간간이 자신이 쓴 시를 적어 보내면서 간접적이나마 그녀에 대한 애틋한 마음을 전하곤 했다.

어느 날 이기형이 전보 한 장을 들고 함박 웃음을 터뜨리며 연수에

도쿄에서 몽양 여운형을 만나다 | 89

게 뛰어왔다. 친구가 건네는 전보 속에는 '부친, 9시 도착'이라는 짧은 세 마디만 달랑 적혀 있었다. 평소 사내 대장부 운운하던 친구가 아버지가 온다는 소식에 어린아이처럼 기뻐하며 어쩔 줄 몰라하는 모습이 의아하게 보였다. 그는 아버지와 속 깊은 얘기를 한번도 나누어보지 못한 무뚝뚝한 아들이었다는 사실을 떠올리고는 친구를 부러운 눈길로 바라보았다.

이기형은 친구 심연수과 함께 몽양 여운형(사진)을 만났다.
그리고 세 사람은 1942년 8월 어느 하루를 함께 보냈다.

알고 보니 전보 속의 '부친'은 몽양 여운형이었다. 일본 경찰이 예의 주시하는 거물급 요주의 인물인지라 그들의 눈을 피하기 위해 이기형의 아버지로 변신한 것이었다. 심연수도 물론 여운형에 대해 이미 잘 알고 있었다. 무엇보다 친구 이기형으로부터 '존경하는 스승님'이란 말을 귀에 못이 박히게 들어왔기 때문이다.

심연수는 이기형과 함께 부두로 나가 배에서 내리는 몽양 여운형을 맞았다. 연한 하늘색 잠바 차림에 회색 중절모를 쓴 여운형은 그리 크지 않은 키와 체격이었지만 단호한 인상을 주었다. 심연수는 처음 여운형을 만났는데 그가 자신을 '용정 출신의 시인'으로 이미 알고 있다는 사실에 깜짝 놀랐다. 심지어 일제의 압박과 착취에 비분강개 하는 '열혈 미남 시인'이란 우스개 소리를 해가며 아는 척을 하는 게 아닌가. 이기형이 몽양에게 편지를 보낼 때 심연수에 관한 이야기를 전했던 모양이었다. 두 사람은 몽양을 근처 공원으로 모셔가 함께 걸었다. 그리고 반주를 곁들인 식사를 하면서 두 청년은 당시 시국에 대한 몽양의 견해를 청해 들었다. 그날 몽양과 두 청년의 만남에 대한 자세한 이야기가 52년이 지난 1993년에 한 진보 잡지에 실려 공개되었다. 스물두 살의 빛나는 청년 이기형이 일흔일곱 살의 노인이 되어 〈몽양 여운형에의 회상〉이라는 제목의 글을 기고한 것이다. 이기형은 1984년부터 《여운형 평전》을 쓰기 시작해 90년대 초에 출간을 했고, 십여 년이 지난 2004년에 개정판을 냈다. 심연수와 몽양, 이기형 세 사람의 '그날 만남'은 《여운형 평전》에도 들어있지만, 여기서는 진보 잡지에 실린 이기형의 기고문을 그대로 옮겨본다.

> 지금으로부터 52년 전이다. 그때 홍안의 흑발이었던 청년이 지금은 노인 백발이 되어 이 글을 쓰고 있다. 그때 나는 일본 동경 예술대학 예술과에 적을 두고 문학을 공부하고 있었다. 신문배달, 우유배달로 학비를 대느라 신체적, 정신적 고통이 이만저만이 아니었다. 필자는

같은 창작과의 심연수와 이모, 그리고 영화과의 정모와 제일 친했다.

몽양 여운형 선생은 1940년 봄부터 경성(서울)과 동경을 왔다 갔다 하며 일본 중추 수뇌부의 동향 파악에 주력했다. 동시에 일본에 있는 조선 청년들을 은밀히 지도하고 있었다. 1942년 여름방학 어느 날, 필자와 심연수는 여 선생을 모시고 동경 스가모 유원지와 그 일대 무사시노를 찾아 뜻 깊은 하루를 보낸 적이 있다. 무사시노라는 광활한 벌판은 푸른 구릉과 계곡이 잘 어우러져 경치 좋기로 유명한 곳이다. 선생은 베이지색 반바지에 스타킹을 신고 회색 모자를 썼다. 윗도리는 연한 하늘색 잠바 차림이었다. 압박과 착취에 시달리는 조국의 형제들을 생각하면 마음이 무거웠지만 오늘만큼은 독립 운동의 멋쟁이 대투사와 함께 있어 마음은 여간 든든하지 않았다.

"이제 일본은 결정적 패망의 구렁텅이로 빠져 들었어. 미국과 영국을 상대로 싸운다는 건 말이 안되지. 강아지가 호랑이에 덤비는 격이거든."

몽양의 발언은 단호했다. 우리 둘은 흥분을 감출 수가 없었다. 몽양은 일찍이 1937년 7월7일 북중국 노구교에서 무모한 일본군이 중국 송철원 부대와의 침략 전쟁을 터뜨린 그날에도 일본의 패망을 예언한 정도로 선견지명을 가진 지도자였다.

몽양의 화제는 다양했다. 일본의 경치는 인공적이요, 자질구레하지만 중국의 경치는 자연적이요, 웅대하다고 했다. 조선 중앙일보 사장 시절 바쁜 중에도 두만강에서 청년들과 천렵을 즐기던 이야기를 하는가 하면, 중국 양자강에서 도산 안창호 선생과 뱃놀이를 즐기던 추억담으로 넘어가기도 했다. 노신의 혁명문학과 곽말약의 망명도 언급했다. 일본에서 일본인 부인과 망명생활의 울적한 나날을 보내던 중국의 대 문학자 곽말약이 중일 전쟁이 본격화되자 '병풍 너머 아기 숨소리를 마지막으로 들으려니 가슴이 메어진다…'는 시를 남기고 표연히 중국으로 떠나 버렸다는 이야기도 들려주었다.

우리가 장만해 가지고간 점심이 비록 조식 조찬이었지만 그렇게도 맛있게 드실 수가 없었고, 헤어질 때는 "좋은 친구를 많이 사귀어 두라."는 당부의 말씀도 잊지 않으셨다.

그날 몽양 여운형과의 만남은 심연수 인생에 커다란 전환점이 되었다. 자신의 문제에만 골몰하지 않고 다른 사람들의 삶을 개선시키기 위해 애쓰는 행동하는 지식인의 모습이 너무나 멋져 보였다. 다시 고국으로 돌아간 몽양은 얼마 후 일본 경찰에 체포되었다. 공개 석상에서 일본이 패망한다는 연설을 했다는 죄목이었다. 몽양이 감옥에 투옥되었다는 소식을 들은 날, 심연수와 이기형은 함께 술을 마시며 울분을 토했다. 몽양과 헤어질 때 다시 만나자는 세 사람의 약속은 영영 이루어지지 않았다. 심연수가 해방되기 일주일 전 영안에서 불의의 죽임을 당했고, 2년 후인 1947년에 몽양도 19살의 극우 테러범에 의해 피살되었기 때문이다. 불온한 시대를 휘감고 도는 역사의 물결은 이토록 무심하고 처연하게 흘러갔다.

1943년, 일본 유학생활이 3년째로 접어들어 드디어 졸업반이 되었다. 그동안 심연수가 생활고를 이겨내기 위해 전전한 일자리가 수도 없이 많았다. 신문배달, 우유배달, 부둣가 짐꾼, 음식배달 등등… 그러나 일본인 가게 주인들은 조선인을 오래 쓰지 않았다. 일본 학생보다 성실히 일 하는데도 늘 못 미더운 표정을 지었고, 별거 아닌 일로 트집을 잡는 '갑질'이 보통이 아니었다. 이유 없이 쫓겨나기도 하고 모멸감을 견딜 수 없어 그만두기도 하면서 근근이 유학 생활을 버텨 나갔다. 그러던 중 운 좋게 조선인이 운영하는 가게의 배달 일을 소개받았는데, 심연수가 내민 고학증을 보고 선뜻 그 주인이 일을 맡긴 것이다. 배달이 없을 때에는 주인 집 열네 살 아들의 공부를 도와주는 가정교사 노릇까지 겸하면서 학교를 다녔다.

배달 일을 하며 공부하느라 잠도 몇 시간 못 자는 강행군이 이어졌다. 몇 달만 더 버티면 졸업이기 때문에 어렵게 유학을 뒷바라지 해주는 가족과 자기만을 기다리는 보배를 위해서라도 이를 악물고 버텨나갔다. 그런데 여름이 지나면서 일본의 분위기가 심상치 않게 변해갔다. 신문에 연일 학도병 징집에 대한 홍보 기사가 실리고, 학교에서도 정규 수업을 줄이고 군사훈련 시간을 많이 늘렸다. 그러다가 수업 시간에 느닷없이 태평양전쟁의 정당성을 설명하며 학도병 지원을 부추기는 일이 잦아졌다. 그러던 중 친구 이기형이 몽양 여운형을 도와야 한다며 졸업도 포기하고 서울로 돌아가 버렸다. 이래저래 불안해 하던 연수에게 가게 주인이 얼른 짐을 싸서 용정으로 떠나라고 등을 떠밀었다. 일본에 계속 남아 있다가는 학도병으로 끌려가 총알받이가 되어 죽을 지도 모른다고 엄포를 놓았다. 그 말을 듣자 연수의 가슴은 숨이 꽉 막혀왔다. 그렇게 의미없이 죽고 싶지는 않았다. 죽을 때 죽더라도 내 나라, 내 동포의 삶에 보탬이 되는 죽음이 되고 싶었다.

  집으로 얼른 돌아가라며 심연수의 등을 떠밀던 가게 주인이 끝까지 도움을 주었다. 가까운 친척이 화물선에서 일하고 있다며 돌아가는 배편을 주선해 주었다. 이 시국에 학생 신분으로 배를 타는 것은 위험하다면서 취재가는 기자 행세를 해야 안전할 거라고 일본인 기자증까지 구해 주었다. 졸업을 불과 몇 달 앞두고 배에 오른 심연수는 원통하고 분했다. 용정에 있는 가족을 볼 면목도 없었다. 장남 하나 번듯하게 대학 졸업시키겠다며 뼈빠지게 일하시던 노쇠한 아버지의 모습이 떠올랐다. 아들의 유학 비용 마련을 위해 한 푼이라도 아끼겠다면서 즐기던 술과 담배도 끊었던 아버지다. 그런 아버지를 생각하며 오른 귀향길은 더욱 멀게만 느껴졌다. 유배를 떠나는 옛날 선비의 심정이 이랬을까. 화물선 뱃머리에서 캄캄한 밤바다를 바라보던 심연수의 눈가에 뜨거운 눈물이 차올랐다.

## 다시 생각해보는 인물 역사

### 유학시절 심연수의 '정신적 스승' 2인

1. '멋쟁이 독립 투사' 몽양 여운형

일본으로부터 나라를 되찾은 우리나라는 지도자를 뽑아야 했다. 해방 직후 여론조사에서 김구, 이승만, 박헌영, 김일성을 제치고 여운형이 최고의 지지율을 얻었다. 만약 그가 그토록 일찍 피살되지 않았다면 그는 우리나라 대통령이 되었을까?

몽양夢陽 여운형呂運亨(1886~1947)은 일제 강점기의 대표적인 사회주의 계열 독립운동가이다. 훤칠한 키에 미남이었고, 못하는 스포츠가 없는 호방하고 남자다운 성격으로 대중적 인기가 높았다. 영어와 중국어, 일본어까지 완벽하게 구사하며, 국제적인 감각을 갖춘 독립운동가로서 많은 활약을 했다. 쑨원, 장졔스, 모택동 등 세계적인 지도자와도 인맥을 가졌던 그는, 좌우의 어느 한쪽에 치우지지 않고 오로지 민족만 보고 가는 민족주의자의 길을 걸었다. 몽양이 죽은 후 그와 함께 했던 사람들은 구체적으로는 '진보주의적 민족주의자'로 그를 정의하기도 했다.

경기도 양평 출신의 몽양은 배재학당과 장로교 신학교에서 공부한 후, 중국 난징 금릉대학에서 영문학을 전공하였다. 1919년 재일 유학생의 2·8독립선언과 3·1운동에 관여하였고, 상해 임시정부 수립에도 힘을 보탰다. 그후 김구 등과 함께 군비 조달에 힘썼고, 고려공산당에 가입하였다. 상하이에서 일제 경찰에 체포되어 징역 3년을 살기도 했다.

1933년 조선중앙일보사 사장직에 취임하였으나, 1936년 베를린 올림픽 마라톤에서 우승한 손기정 선수의 일장기 말소 사건으로 신문이 폐간되면서 사장직에서 물러났다. 1942년 치안유지법 위반 등의 혐의로 구속되어 징역 1년에 집행유예 3년을 선고받았다.

1944년, 여운형은 일제의 패전을 예상하고 조선건국동맹을 조직하였다. 광복이 되자 조선건국준비위원회 결성을 주도하였고, 이듬해에는 북한을 방문하여 조만식과 김일성을 만나 미소공동위원회 대처 문제 등을 논의하였다. 1947년 신탁통치 찬반운동 과정에서 통일정부 수립을 위해 노력하였으나 이에 반대하는 세력에 의해 혜화동에서 저격을 당하며 세상을 떠났다.

대한민국 정부는 몽양에게 2005년에는 건국훈장 대통령장을, 2008년에는 건국훈장 대한민국장을 추서했다.

## 2. 동고동락한 절친 이기형 민족시인

이기형<sup>李基炯</sup>(1917~2013)은 평생 통일 문제에 관심을 가진 재야 민주화 운동가이자 민족 시인이다. 몽양 여운형의 비서를 지냈으며, 《몽양 여운형 평전》을 썼다.

1917년 함경남도 함주 출신인 이기형은 12세 때 야학을 통해 항일 독립운동에 눈을 떴다. 함흥고보를 졸업하고 유학을 떠나 일본대학 예술부 창작과에서 2년간 공부했다. 심연수와 같은 대학 창작과 동창으로 인연이 맺어졌고, 유학 시절 가장 친했던 친구로 심연수를 꼽기도 했다.

몽양을 돕기 위해 유학 도중 일본에서 귀국하였고, 해방 이후에는 몽양의 비서로 일했다. 카프 계열의 월북 작가들과 교류했던 이기형은 1947년 잡지 《민주조선》에 시를 발표하면서 창작 활동을 시작했다. 그러나 같은 해 몽양이 암살 당하자 절필을 선언하고, 신문사와 잡지사 등의 기자 생활에 전념하다 월북을 했다. 그러다 6·25 전쟁 중에 월남해 빨치산 활동을 하다 체포되었다. 옥살이를 하고 나온 이기형은 구멍가게, 학원강사, 번역, 사설학원 등의 일을 하면서 생계를 이어 나갔다.

1980년대 초반, 시인 김규동을 통해 창작과비평사의 백낙청과 신경림 등을 만난 후 다시 문단에 모습을 드러냈으며,《몽양 여운형 평전》도 쓰게 되었다. 그후 민주화와 통일 운동에 몸 담았으며 그 공로를 인정받아 1999년 '4월 혁명상'을 수상했다. 65세이던 1982년에 첫 시집《망향》을 낸 이기형은《산하단심》,《봄은 왜 오지 않는가》 등의 시집을 통해 통일에 대한 소망을 보여 주었다. 북한에 어머니와 처자식을 둔 채 월남한 이기형은 그리움을 시에 담아 표현하기도 했다. 특히 92세에 10번째 시집《절정의 노래》를 내며 노익장을 과시해 국내 문단을 놀라게 했다. 현역 최고령 시인으로 활동하던 그는 2013년 6월, 96세의 나이로 조용하게 숨을 거두었다.

### 생의 순간

- 이기형 -

내 삶의 순간 순간은

사고 팔 대상물이 아니다

억겁의 세월로 가는

무한분의 일

작디 작은 미세한 마디

마디의 나사가 드티면

파장은 억겁으로 가거니

이 순간

네 손을 잡은 그만한 이유를

너는 알겠느냐

# 두 번 옥살이 후 끝내 주검이 된 신혼의 남편

　주위 사람들의 기대를 한 몸에 받으며 일본 유학길에 올랐던 심연수는 2년 반만에 용정으로 돌아왔다. 손에 졸업장을 쥐지 못한 터라 집으로 가는 발걸음이 무겁기만 했다. 그러나 심연수의 부모는 아들을 보자마자 얼싸안고 "살아 돌아왔다"며 기뻐했다. 태평양전쟁을 일으킨 일본의 전세가 매우 불리하게 돌아간다는 소문이 용정 바닥에도 파다하게 퍼졌다. 불리한 전세를 만회하기 위해 징병제를 실시하는 것도 모자라, '학도지원병'이라는 이름 아래 전문학교와 대학 재학생을 강제 징집 한다는 소식이 용정에도 알려졌다. 용정에도 진즉부터 '징병 바람'이 불기 시작했다. 징병 대상 청년들의 자진 신고를 강요하러 다니던 용정의 경찰은 당연히 심연수의 집에도 들렀다. 연수와 바로 아래 동생 학수가 징집 대상이라며 두 아들을 내놓으라고 엄포를 놓았다. 그때 심연수는 아직 일본에 있었고, 동생 학수도 징병을 피해 신안진으로 몸을 숨긴 후였다.

아버지는 오랜만에 만난 아들과 재회의 기쁨도 나누지 못한 채 얼른 몸을 피하는 것이 좋겠다며 등을 떠밀었다. 시국이 불안한 상황이라 기차를 타고 다른 지방으로 가려면 통행증이 필요했다. 아버지는 백 사장을 찾아가 통행증을 받은 후 신안진으로 떠나라고 했다. 백 사장이 운영하는 목재 공장에서는 일꾼들을 고용한다는 명목으로 통행증을 발급 받는 일이 그리 어렵지 않았기 때문이었다. 그렇지 않아도 보배도 만날 겸 백 사장네로 인사 드리러 갈 생각이었다. 일본에서 떠나올 때 보배에게 줄 선물로 분홍색 머리 핀도 사두었고, 무엇보다 이번에 보배를 만나면 청혼할 생각이었다.

슬하에 딸만 둔 백 사장은 오래전부터 보아온 연수를 아들처럼 생각하고 있었는데, 학도병으로 끌려가지 않고 용정으로 살아 돌아온 그를 보자 무척 반겼다. 그러나 정작 보고 싶었던 보배는 만날 수가 없었다. 여학교 졸업 후 신경(장춘)에 있는 전보 전문학교에 입학하였다는 사실은 그녀의 편지를 통해 알고 있었다. 그런데 심연수가 돌아왔을 때 보배는 이미 집을 떠나 신경에 머물고 있었다. 그가 사전 연락 없이 황급하게 일본을 떠나오느라 두 사람의 동선이 엇갈려 버린 것이다. 실망하고 있는 연수에게 두 사람 사이의 호감을 눈치 채고 있던 백 사장은 보배가 전문학교를 졸업하면 그때 결혼식을 올리는 것이 어떻겠냐며 뜻밖의 제안을 해왔다. 집안 형편도 어렵고 아직 학생 신분이어서 감히 결혼 얘기를 꺼내놓지 못하고 있던 심연수에게는 더할 나위없이 큰 선물이었다. 언감생심이었던 연수는 재빨리 땅바닥에 몸을 숙여 큰 절을 올리며 감사의 마음을 표현했다. 그리고는 백 사장의 뜻을 부모님께 전하기 위해 부랴부랴 집으로 돌아왔다.

심연수가 동생 호수에게 맡겼던 육필 원고

신안진으로 떠나기 전 심연수는 동생 호수를 불렀다. 용정에서 보낸 학창 시절과 일본 유학 시절에 쓴 시와 일기, 소설 등을 몽땅 꺼내 정리한 후 동생에게 맡겼다. 형의 원고 뭉치를 받아든 동생은 벌린 입을 다물지 못했다. 항상 시간을 허투로 쓰지 말라며 솔선수범 하던 형이었지만 이토록 많은 글을 써 놓았을 것이라곤 상상조차 하지 못했다. 일본에서 시간을 얼마나 금쪽 같이 보냈으면 공부하고 일도 하면서 이렇게 많은 글을 썼나 하는 생각에 미치자 형의 열정과 성실함에 또 한번 감동을 받았다.

연해주 신한촌을 떠나 밀산을 거쳐 용정으로 이주하기 전에 심연수 일가는 신안진에 잠깐 살았던 적이 있었다. 용정에 정착하기 1년 전으로 심연수의 나이 17살 때였다. 이제는 26살의 어엿한 청년이 되어 신안진으로 다시 돌아왔다. 신안진은 연수에게 남다른 의미가 있는 곳이다. 여기서 정신적 스승인 김수산 선생을 만났고, 사회주의 이념에 대해서도 눈 뜨게 되었기 때문이다. 김수산 선생은 많은 조선인들로부터 존경을 받고 있던 항일 애국지사이자 교육자였다.

김수산 선생은 아끼던 제자가 늠름한 청년이 되어 돌아오니 여간 대견스럽지 않았다. 국민학교 교장으로서 여전히 왕성하게 활동하고 있던 그는, 마침 교사 자리가 하나 비워져 있다면서 자신의 학교에서 일 하라고 제안했다. 심연수의 투철한 민족 의식 뿐만 아니라, 문학과 미술 등 예체능까지 뛰어나다는 것을 잘 알고 있었기 때문이다. 김수산 선생은 동료 교사들에게 일본 유학까지 다녀온 유능한 인재라며 심연수를 자랑스럽게 소개했다.

심연수는 자신보다 먼저 신안진에 온 동생 학수의 소식이 궁금해 김수산 선생께 행방을 알아봐 달라고 부탁했다. 김수산 선생에 의하면 동생 학수는 신안진에 도착하자마자 항일부대가 어디에 있는지 수소문 하며 다녔다고 한다. 그후 만주 지역 무장 항일 부대로 떠난 듯한데 정확히 어디로 갔는지 아는 사람을 찾을 수가 없었다. 어릴 적부터 유난히 정의감이 투철해서 불의를 보면 참지 못하는 동생이었다. 용정에서 중학교를 졸업한 후 왕청현 나자구의 군관학교를 다녔던 동생 학수는 졸업 후에 연해주로 항일 투쟁하러 떠날 거라는 말을 줄곧 해왔었다. 그래서 동생이 신안진을 거쳐 연해주의 항일 부대로 떠났다는 결론을 내릴 수밖에 없었다. 그러자 삼촌 심우택의 모습이 자연스럽게 떠올랐다. '학수가 삼촌과 함께 있으면 좋으련만…'

심연수는 동생 학수를 다시는 만나 보지 못했다. 형인 그가 먼저 세상을 떠났기 때문이다. 동생 학수가 항일 부대로 떠났을 거란 추측은 나중에 사실로 확인되었다. 신안진을 떠난 심학수는 흑룡강성 벌리현의 한 항일 부대에서 김일성의 이종 사촌인 박관순과 함께 생활하였다. 그런 인연으로 박관순과는 동서지간이 되었다. 해방 후 용정으로 돌아온 심학수는 중국 문화대혁명 때 우파로 몰려 고초를 겪다가 양자로 입적시킨 형 심연수의 유복자 심상용을 데리고 북한으로 망명하였다.

심연수는 26살에 국민학교 교사로 새로운 인생을 시작했다. 일본에 남았다면 학도병으로 전쟁터에 끌려가 총알받이로 죽었을 지도 몰랐다. 또 강제 징집을 거부한 채 남았다면 징집을 거부한 대가로 북해도 탄광촌에 끌려갔다면 죽도록 고생했을 것이다. 두 가지 불행의 시나리오를 피해 용정으로 무사히 돌아온 심연수는 김수산 선생과 같은 교정에서 학생들을 가르치는 일에 보람을 느꼈다. 교장과 교사 관계가 되고 보니 김수산 선생은 예전 스승과 제자 사이로 만났을 때보다 훨씬 더 배우고 따를 점이 많은 존재임을 알게 되었다. 가끔씩 두 사람은 반주를 겸해 식사를 하면서 시국에 대한 은밀한 대화를 나누었고, 이런 과정을 거치며 두 사람은 사상적 동지가 되어갔다.

해방 후 북한으로 돌아가 김일성 종합대학의 정치학 교수로 지낸 김수산 선생은 함경도 출신이다. 부잣집 아들로 태어난 그는 일제 식민 지배 아래에서도 편하게 살 수 있었다. 그러나 일제의 억압과 착취에 시달리는 민초들의 고통을 그냥 두고 볼 수 없었던 그는 항일 투사의 길로 접어들었고, 이곳 만주로 건너와서 교육 계몽사업을 시작했다. 김수산 선생은 청년들에게 민족혼을 심어주고 항일 정신으로 무장시키는 것이 독립운동의 출발점이라 믿고 이를 실천했다.

심연수가 몸 담은 학교는 만주 내에서 꽤 유명세를 얻고 있었다. 교장인 김수산 선생의 명성도 있었지만, 무엇보다 청산리 전투를 승리로 이끌었던 김좌진 장군이 그 학교를 세웠기 때문이다. 2만 명 넘는 조선인이 살고 있던 신안진은 김좌진 장군이 일찍부터 항일 운동의 근거지로 터를 잡은 곳이었다. 9년 전 심연수 일가는 신안진의 한인 마을 공제촌에 살았었는데, 그곳을 개척하여 마을을 세운 사람도 김좌진 장군이었다. 예전에도 심연수는 그에게서 김좌진 장군과 얽힌 여러 가지 이야기를 들었다. 그러나 그때 그는 문학에 막 눈을 뜨기 시작한 시기였으며, 항일 투쟁의 역사보다는 글과 씨름하는 것에 관심이 더 많던 때였다. 그러나 이번엔 김좌진 장군의 무용담과 철학을 들을 때는 가슴 속에서 뭔가 뜨거운 것이 솟아올랐다. 홍범도 장군의 봉오동 전투에 비견되는 김좌진 장군의 청산리 대첩의 활약상도 영화처럼 생생하게 머리 속에 그려졌다. 20대 중반이 된 심연수의 사고 폭과 세계관이 예전보다 넓어졌기 때문일까. 대학에서 공부하며 세상을 보는 안목이 깊어졌기 때문일까. 김좌진 장군의 저항 의지와 희생 정신이 그의 가슴 속에 그대로 들어와서 박혔다. 일본 유학 시절 몽양 여운형과의 만남을 계기로 심연수의 시야가 개인에서 민족으로, 나아가 세계로 확대된 것이 분명했다.

김좌진 장군 동상
심연수는 김좌진 장군이 세운 학교에서 교사 생활을 시작했다.

 젊고 똑똑한 남자 교사 한 명의 부임만으로도 학교 분위기는 활력이 넘쳐났다. 심연수는 글 솜씨뿐만 아니라 그림을 그리는 재주도 뛰어났다. 동흥 중학교 시절에는 미술 전시회에 그림을 출품해 상을 받기도 했었다. 그가 남긴 유품 중에 그림 몇 점이 있는데, 연필로 그린 러시아 정치 지도자 레닌의 초상화 한 점도 거기에 포함되어 있었다. 이 외에 축구나 배구, 농구 등의 스포츠에도 만능이었다. 이런 다양한 재능을 아낌없이 쓰다 보니 그를 좋아하고 따르는 학생들이 많았다. 심연수는 문학 서클을 만들어 학생들의 창작 활동을 격려하고, 교내 문예지도 발행할 수 있게 해 주었다. 자신이 쓴 시를 가지고 수업을 하기도 했고, 학생의 시를 첨삭하는 참여 방식의 강의도 진행했다. 자연히 심연수는 교내뿐만 아니라 신안진의 다른 학교까지 '멋쟁이 인기 교사'로 소문이 자자했다.

심연수가 중학교 시절 그린 레닌 초상화

심연수의 신안진 생활은 무척 바쁘게 흘러갔다. 낮에는 학교에서 어린 학생들을 가르치고 밤에는 야학 교실에서 마을의 청장년들을 모아 교육했다. 그들에게 역사를 가르치며 민족혼을 일깨웠고, 시국을 바라보는 새로운 시각을 제시하는 방식으로 다양하게 수업이 이루어졌다. 또 항일 감정을 비유적으로 표현한 자신의 시 '빨래', '고집' 등을 가지고 청년들과 토론 수업을 진행하기도 했다. 그리고 마지막에는 〈선구자〉를 다같이 합창하며 수업을 끝냈다.

> 일송정 푸른 솔은
> 늙어 늙어 갔어도
> 한 줄기 해란강은
> 천 년 두고 흐른다
> 지난날 강가에서
> 말 달리던 선구자
> 지금은 어느 곳에
> 거친 꿈이 깊었나

일제 강점기 시절 독립투사들의 노래였던 〈선구자〉는 1980년대 군부독재 시절엔 민주 투사들이 즐겨 부르던 애창곡이되었다. 오랫동안 대중의 사랑을 받아온 이 노래는 2000년대 들어서면서 그 운명이 바뀌었다. 작곡가와 작사가의 친일 행적이 드러나면서 국민가곡이라는 명예 훈장이 떼어져 버린 것이다.

심연수가 신안진에서 교편을 잡고 있을 당시 〈선구자〉를 작곡한 조두남과 가사를 쓴 윤해영은 연해주와 만주의 지역 조선인에게 존경받던 유명 인물들이었다. 김수산 선생이 〈선구자〉가 탄생하게 된 에피소드를 들려준 적이 있었다. 그 얘기를 들은 심연수는 자연스럽게 이 노래 가사에 담긴 항일 정신을 학생들에게 가르쳐 주어야겠다고 생각했을 것이다.

1912년 평양에서 태어난 조두남은 11살에 가곡 〈옛 이야기〉를 만들면서 '천재 작곡가'란 소리를 들었던 인물이다. 〈선구자〉는 조두남이 스물한 살 때인 1933년에 작곡한 노래다. 만주에서 조국 광복을 위해 싸우던 항일 독립투사들에게 용기를 북돋워 줄 목적으로 만들어졌다고 알려져 해방 이후 국민들의 사랑을 받는 애창곡이 되었다. 〈선구자〉 덕분에 조두남은 '항일 음악가'로 평가받아 마산에 그의 이름을 딴 기념관까지 세워졌다. 그러나 일제의 징병제를 독려하고 내선일체 정책을 찬양하는 노래를 만들었던 친일 행적이 뒤늦게 밝혀지면서 기념관 이름이 변경되는 수모를 겪었다. 시간이 흘러 역사의 진실은 그에게 '친일 음악가'라는 오명을 붙여 주었지만, 〈선구자〉가 널리 울려 퍼진 1940년대에 이 노래는 '위대한 독립운동가'였다.

한편, 이 노래 가사를 쓴 윤해영의 행적은 조두남과 달리 명확하지가 않다. 윤해영이 〈선구자〉 작사자로 이름을 남기게 된 대강의 과정은 조두남이 남긴 기록물 속에서 찾아볼 수 있다. 1933년에 함경북도 경흥 출신이라는 청년이 만주에 살던 조두남을 찾아왔다. 자신을 독립운동가의 밀사로 소개하면서 〈용두레 우물가〉라는 제목의 시한 편을 조두남에게 건네주었는데, 그 청년이 바로 윤해영이었다는 것이다. 이 시에 조두남이 곡을 붙여 〈선구자〉란 노래가 탄생되었다. 윤해영은 그 후 만주에서 시인으로 활동했는데, 이때 쓴 시들이 친일 논란을 불러 일으켰다. 해방 후에는 북한으로 건너갔으며, 김일성 반대 세력에 대한 숙청 바람이 불던 1956년 사망한 것으로 알려졌다.

'역사는 물 위에 쓴 진실이다!'
이 말은 제1차 세계대전의 원인을 제공한 '사라예보의 총성'의 주인공이 감옥 벽에다 쓴 말이다. 시대의 출렁거림 속에서 역사적 진실도 출렁이기 마련이다. 한 사람의 운명도 물 위에 쓰여진 진실이 아닐런지. 시대의 격랑 속에서 개인의 운명도 이리저리 휩쓸리게 되니까 말이다. 역사는 시간의 축적이다. 흘러가는 시간 속에서 거짓은 가라앉고 진실은 위로 떠오르게 된다.

심연수가 교사 생활을 한 지도 1년이 넘어가고 있었다. 배우던 입장에서 가르치는 위치에 서고 보니 교사라는 직업이 만만치 않았다. 총칼이 아닌 분필을 든 독립투사라는 생각이 들었다. 또 김수산 선생과 시국에 대한 토론을 자주 하다보니 나라 없는 어린 학생들에게 무엇을 가르쳐야할지 고민도 많아졌다. 그즈음부터 심연수의 삶이 크게 요동치기 시작했다. 야학에서 청년들에게 우리 역사를 가르치고, 자신의 시 〈빨래〉와 〈고집〉을 가지고 수업한 것이 문제가 되었다.

빨래

- 심연수 -

빨래를 생명으로 아는

조선의 엄마 누나야

아들 오빠 땀 젖은 옷

깨끗하게 빨아주소

그들의 마음 가운데

불의의 때가 묻거든

사정없는 빨래 방망이로

두드려 씻어주소서!

　일본 경찰은 〈빨래〉라는 시가 조선 젊은이의 가슴에 항일 정신을 부추기는 불온한 내용을 담고 있다고 지적했다. 또 빨래 방망이로 두드리라는 시 구절은 선동적이다 못해 일본을 위협하는 폭력과 다름없다는 해석을 내렸다. 그들은 심연수가 당시 일본과 식민지 조선 전체에 검거령이 내려진 '불령선인'에 해당된다면서 경찰서로 끌고 갔다. 그에게 '위험한 선생'이라는 붉은 딱지를 붙인 것이다. 심연수가 유치장에 갇혔다는 소식을 접한 가족과 학생들이 경찰서를 찾아가 항의했다. 그러나 일본 경찰은 '불온죄'를 적용하여 감옥에 집어넣을 심산이 분명해 보였다. 결국 김수산 선생이 나섰다. 김 선생이 신안진 근처 영안현에서 부현장으로 있던 처남에게 도움을 요청했고, 처남이 달려와 해결해 주었다. 심연수가 일본에서 유학하고 돌아온 인재이며, 조만간 다시 일본으로 되돌아가 공부를 계속할 것이라는 말로 일본 경찰을 달래 그를 빼내는 데 성공했다. 이 일로 인해 심연수는 신안진에 남아있기 어려워져 영안으로 떠나게 되었다.

　김수산 선생의 소개로 영안 국민우급학교로 옮기게된 심연수는 마음이 심란했다. 유치장에 갇혀보니 자신을 믿어주는 든든한 누군가가 옆에 있으면 좋겠다는 생각이 들었다. 그래서 결혼을 서두르기로 했다. 마침 보배도 전문학교 졸업 후 혼례만 손꼽아 기다리고 있던 중이었다. 18살의 심연수와 15살의 백보배가 처음 만난 지 10년 만에 드디어 부부의 인연을 맺게된 것이다.

　심연수 일가가 두만강 건너 만주 땅을 처음 밟았을 때 오랑캐 고개에서 도움의 손길을 주었던 용정 기독교회관의 김기숙 장로가 주례를 섰다. 봄 기운이 무르익은 1945년 4월 6일이었다. 심연수의 첫사랑이었고, 10년 동안 간절하게 마음에 품어온 여자 아닌가. 그녀를 평생의 반려자로 맞이하게 된 연수는 모든 시름을 잠시 잊었다. 백보배도 기쁨으로 혼례를 맞기는 마찬가지다. 심연수가 겉으로 표현하지 않지만 따스한 사랑과 세심한 배려심을 가진 사람임을 누구보다 잘 아는 그녀였다. 드디어 그의 아내가 되었다는 기쁨에 얼굴에서 행복한 웃음이 떠나지 않았다. 검은 머리가 파뿌리 될 때까지 심연수와 함께 할 생각에 온 세상을 다 얻은 듯했다.

1945년 4월 6일, 용정 시내의 한 기독교회관에서 결혼식을 올렸다.
이 날 검은 머리가 파뿌리 될 때까지 함께 하겠다고 맹세했지만….

　백보배가 다녔던 학교는 타자와 인쇄 기술을 가르치는 전보 전문학교였다. 중학교 졸업을 앞두고 진로를 고민할 때 그녀의 머리 속에 심연수와 윤동주의 시가 실렸던 《만선일보》와 《카톨릭 소년》 잡지가 떠올랐다. 타자 기술을 배워두면 나중에 심연수가 시집을 출간할 때 도움이 될 수 있겠다는 생각에 망설임 없이 전보 전문학교를 지원했다. 그녀는 전문학교를 졸업한 후 신경의 한 인쇄소에 취직이 되었다. 그러나 결혼 날짜가 잡히자 미련 없이 그만두고 영안의 신혼집으로 남편과 함께 떠났다. 영안에 도착한 두 사람은 먼저 시장으로 가서 솥 하나와 쌀 한 봉지를 사서 집으로 돌아왔다. 이 이야기는 신혼집에 도착하자마자 어머니에게 쓴 편지에 담겨 있었다.

　영안에 온 심연수는 오랜만에 학생들 앞에 다시 섰다. 어린 학생들의 초롱초롱한 눈빛을 보니 다시금 의욕이 불타올랐다. 김수산 선생이 자주 하시던 말이 귓가에 울렸다. 진정한 독립은 학생들의 민족혼을 키우는 교육이 뒷받침 되어야 가능하다 것이 김수산 선생의 철학이었다. 결혼까지 하고보니 그 의미가 새삼 더 크게 다가왔다. 김수산 선생처럼 존경받는 교육자, 사람들의 가슴에 민족혼을 불어넣는 시인이 되리라는 각오를 다시 한번 다졌다. 남편 뒷바라지를 위해 영안으로 온 보배도 전보 학교 졸업 경력을 활용하여 영안의 우정국에 출근하게 되었다.

결혼 후 아내의 내조를 받은 심연수는 심리적 안정을 되찾았고, 한동안 손대지 못했던 시 창작에도 몰두할 수 있었다. 그가 쓴 시와 산문들이 점점 쌓여갔다. 영안에 와서 쓴 시와 동생 호수에게 맡겨 둔 시만 모아도 3권 정도의 분량은 될 듯했다. 그러나 그의 얼굴에 잠시 미소가 감도는 듯하더니 이내 고개를 절래절래 흔들며 한숨을 내쉬었다. 일본이 패망을 하든가, 우리의 힘으로 식민지의 굴레에서 벗어나야만 자신의 시가 세상에 나가 빛을 볼 수 있을 거란 생각이 들었기 때문이다.

심연수는 새로 부임한 학교에서 6학년 반 담임과 교무주임을 동시에 맡았다. 당시 만주의 학교들은 일제의 꼭두각시 노릇을 하고있던 만주국의 교육 시행령을 따르고 있었기 때문에 교장은 일본인 몫이였다. 심연수는 역사와 지리를 담당하였다. 학생들에게 강감찬, 이순신 등 외세의 침입에 맞서 싸웠던 역사 위인들의 이야기를 들려주었다. 삼촌 심우택에게 들었던 안중근의 위대한 죽음, 홍범도와 김좌진, 이동휘의 전설적인 항일 무장 투쟁기 등을 생생하게 들려주며 민족혼의 불씨를 살려 나갔다. 이럴 때마다 제자들이 보이는 살아있는 눈빛은 그의 심장을 더 뛰게 만들었다.

어느 날 교장이 심연수에게 한 권의 책을 내밀었다. 《만주국 경찰사》라는 제목의 책이었다. 역사 시간에 그 책을 가지고 학생들의 치안 의식을 높이고 일본의 사무라이 정신을 가르치라는 교장의 지시였다. 심연수는 아무말 없이 책을 받아들고 교장실을 나왔다. 그리고는 수업 시간에 더 노골적으로 민족 의식을 강조했고, 조국 독립의 필요성을 더욱 힘주어 말했다. 이것이 문제가 되었다. 학생 중에 경찰서에 근무하는 친일파 조선인의 자식이 있었는데, 집에 돌아가 아버지에게 수업 내용을 일러바친 것이었다. 심연수는 또 한번 유치장에 갇히는 신세가 되고 말았다.

보안 문제로 두 번씩이나 유치장에 갇혀 버린 심연수는 어느덧 일본 경찰의 주요 '불온분자' 감시 대상이 되어버렸다. 이런 상황에서 아내 백보배가 임신까지 하게되자 눈에 띄는 행동을 자제하며 창작 활동에만 전념했다. 이럴 때 울분을 삭히고 자신을 단련하는 방법은 역시 글 쓰는 일이었다. 학교에서도 쉬는 시간이면 시를 썼고, 집에 와서도 저녁상 물리기 바쁘게 원고지에 글을 써 내려갔다.

1945년 여름으로 접어들었다. 방학을 하면 임신한 아내와 함께 용정에 다녀올 계획을 세웠다. 그런데 들려오는 소문이 심상치 않았다. 소련의 홍군이 대일 선전포고를 한다는 풍문도 들려오고, 조만간 일본이 항복할 거라는 소문도 나돌았다. 태평양전쟁의 전세가 돌이킬 수 없을 정도로 일본에게 불리해졌다는 구체적인 전황 이야기도 떠돌았다. 우정국 전보 업무를 담당하는 보배도 직장에서 자신이 들은 얘기를 심연수에게 들려주는데 뭔가 심상치 않았다. 그녀가 취급하는 전보의 대부분이 영안에 사는 일본인의 귀국에 관한 내용이었고, 일본에서 들어오는 전보의 대다수가 암호로 잠겨 있다는 것이었다.

　심연수는 전황에 대한 소문과 아내의 말을 종합해 본 후, 일본이 곧 패망하기 일보 직전이라는 결론을 내렸다. 그러니 더 걱정이었다. 쫓겨 달아나던 미친 개가 갑자기 뒤돌아 물면 어쩌나 싶은 불안감이 엄습했다. 아니나 다를까. 전세가 불리해진 일본이 최후의 발악을 하기 시작했다. 항일 운동의 죄목으로 교도소에 갇힌 조선인, 중국인을 함부로 죽이거나, 생체 실험 대상으로 삼는 만행을 저질렀다. 윤동주 시인도 생체 실험 대상이 되었다가 결국 후쿠오카 감옥에서 눈을 감고 말았다는 소식을 몇 달 전에 접했다.

　패전의 그림자가 짙어지자 일제는 무고한 사람들에게도 만행을 저지르는 지경에 이르렀다. 별것 아닌 일로 시비를 걸어 감옥에 넣어 버리든가, 심지어 일본 경찰을 기분 나쁜 시선으로 쳐다봤다는 이유만으로 총을 쏴 죽여 버리는 일까지 벌어졌다. 그 와중에 신안진의 김수산 선생이 체포되었다는 소식이 들려왔다. 김수산 선생이 몸담고 있던 '북만주 조선인협회'를 불법 독립운동 단체로 보고 행적을 캐고 있다는 것이다. 김수산 선생을 조사하는 과정에서 뭔가 꼬투리를 잡기 위해 심연수도 가만 두지 않을 거라면서 몸을 피하라는 전갈이 왔다. 이처럼 분위기가 긴박하게 돌아가자 그는 임신한 아내가 걱정되었다. 우선 그녀를 용정의 친정집으로 보내는 것이 안전하겠다 싶어 얼른 짐을 꾸려 놓았다. 배속의 아이를 염려한 그녀도 남편의 의견에 동의했다. 방학을 하면 그도 곧바로 용정으로 가기로 했다. 보배는 심연수가 목숨처럼 아끼는 원고 뭉치가 들어있는 트렁크를 자신이 갖고 가겠다고 했지만, 그는 임신한 아내에게 무거운 트렁크를 맡길 수가 없었다. 심연수는 용정으로 떠나는 보배의 손에 간단한 짐만 들려 기차에 태웠다. 플랫폼에 선 심연수는 차창 밖으로 얼굴을 내민 아내에게 통큰 사내답게 호탕한 웃음을 지어 보였다. 그리고 며칠 후 용정에서 다시 만나자는 약속을 하며 보배의 손을 꼭 잡아주었다. 기적 소리와 함께 기차는 출발했고, 그녀의 모습은 심연수의 시야에서 점점 멀어져갔다. 이것이 두 사람의 마지막 순간일 줄 누가 알았겠는가.

1945년 8월 8일. 여전히 김수산 선생이 풀려났다는 소식이 들려오지 않자 심란해진 심연수도 서둘러 짐을 꾸렸다. 김수산 선생과 함께 야학 교실을 운영했던 자신도 체포될 것이 분명했다. 감시의 눈이 많은 영안역이 불안했던 심연수는 다른 역으로 가서 기차를 타기로 했다. 트렁크만 손에 들고 집을 나섰다. 트렁크 안에는 일본 유학에서 돌아온 후 신안진과 영안에 썼던 시와 산문들이 가득 들어 있었다.

심연수의 유품 속에서 나온 원고 뭉치와 수많은 습작 노트들

새벽에 집을 출발한 심연수는 걷고 또 걷다가 오후 4시쯤에야 왕청현의 춘양진이라는 마을의 기차역에 도착했다. 다리도 아프고 배도 고파진 그는 역 앞의 허름한 가게에 들어가 국밥을 먹으며 기차를 기다렸다. 식사를 하면서 가게 안 손님들이 나누는 말소리에 귀를 기울였다. 러시아 군대의 밀정을 잡으려고 혈안이 된 일본 경찰이 의심되는 사람은 무턱대고 잡아들이고 있다는 말이 들려왔다. 조금이라도 반항하면 망설임 없이 총을 쏘아 버리는 바람에 멀쩡한 사람도 어쩔 수 없이 끌려가 옥살이를 한다는 것이었다. 밥을 먹는 둥 마는 둥 하고 가게 밖을 나온 심연수는 기차역 쪽으로 걸어갔다. 그때 일본

경찰이 조선인을 세워놓고 막무가내식으로 때리고 있는 광경이 심연수의 눈에 들어왔다. 순간 화가 치민 그는 자신의 처지를 망각한 채 경찰 쪽으로 다가갔다. 다가오는 심연수의 눈빛에 분노감이 서린 것을 눈치 챈 일본 경찰이 연수를 저지하며 세웠다. 그러고는 다짜고짜 들고 있던 곤봉으로 연수의 어깨를 내리쳤다. 무고한 사람을 상대로 무자비하게 가해지는 횡포에 심연수는 분노하며 저항했다. 심연수를 반일 인사로 의심한 일본 경찰은 그의 손에 들린 트렁크를 빼앗으려 했다. 트렁크 안에는 심연수의 피와 살 같은 시와 일기, 소설 등이 가득 들어 있었다. 빼앗기지 않으려 저항하는 심연수와 일본 경찰들 사이에 몸싸움이 일어났다. 그 와중에 갑자기 총소리가 울렸고, 동시에 심연수가 왼쪽 가슴을 부여안고 그대로 바닥에 쓰러졌다.

심연수의 손에서 떨어져 나온 트렁크가 땅바닥에 나뒹굴었다. 경찰 한 명이 들고있던 칼로 트렁크를 찢어 안의 물건을 꺼내 들었다. 트렁크에 들어있던 원고지들이 사방으로 흩어졌고, 심연수의 몸에서 흘러나온 피에 붉게 물들어갔다.

그리고 일주일 후, 조국에 해방이 찾아왔다. 참으로 황망한 죽음이 아닐 수 없다. 불운한 시대가 만들어낸 빛나는 청춘의 잔혹한 종결이었다. 저무는 해의 황혼 속으로 도둑처럼 찾아온 죽음의 그림자를, 심연수는 결국 피하지 못한 것이다.

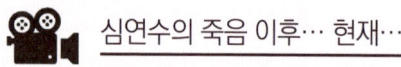 심연수의 죽음 이후… 현재…

신혼 4개월만에 남편을 잃은 젊은 아내와 유복자의 '남겨진 삶'

아들이 죽었다는 소식을 접한 심연수의 아버지는 셋째 아들 호수와 함께 현장으로 달려왔다. 총에 맞은 차디찬 아들의 시신과 텅 빈 트렁크 하나… 압수된 원고지와 유품조차 일본 경찰은 돌려주지 않았다. 동생 호수는 형의 황망한 죽음에 기가 막혔다. 한 순간도 헛된 시간을 살지 않으려 발버둥 치던 형이었는데… 이를 너무 잘 알던 동생은 형의 원고 한 장이라도 건지려고 애를 썼으나 경찰의 폭압적인 태도에 빈 손으로 돌아설 수밖에 없었다. 동생 심호수가 55년 동안 목숨처럼 간직해 온 심연수의 유품 속에 안타깝게도 신안진과 영안 시절(1944~1945)의 작품이 하나도 남아있지 않은 이유이다.

심연수의 시신은 용정 토기동 뒷산 가족 묘지에 묻혔다. 심연수 옆에는 5년 전에 일본 경찰에 의해 죽음을 맞이한 할아버지가 누워 있었다. 어쩜 이리도 잔인한 운명인지. 심연수는 할아버지의 장례식에서 일제에 맞서 언젠가 원수를 갚겠다고 다짐했었다. 그런데 자신마저 일제의 총에 겨우 스물여덟 해의 젊은 인생을 빼앗기고 말았다. 지하에 계신 할아버지도 기 막힌 현실에 대성통곡을 하였으리라.

심연수가 피살될 당시 임신 중이던 아내 백보배는 이듬해에 아들을 낳았다. 결혼 4개월만에 청상과부가 된 그녀는 갓난 아들 키우느라 그나마 남편에 대한 그리움을 억누를 수 있었을 것이다. 심연수가 죽은 지 4년 후, 그녀는 친정과 시댁 어른들의 권고에 따라 재혼을 했다. 그녀와 재혼을 한 사람은 심연수의 동흥 중학교 동창생이었다. 백보배의 사정을 잘 알고 있던 남편의 배려로 그녀는 재혼 후에도 심연수 일가 근처에 살면서 계속 왕래하며 지낼 수 있었다. 유복자 심상용은 자식이 없던 심연수의 첫째 동생 심학수의 양자로 입적되어 키워졌지만, 백보배도 심씨 일가와 가까이에서 살면서 아들 심상용을 돌보았다. 그녀는 1992년 68세의 나이로 세상을 떠났고, 심상용은 문화대혁명의 소용돌이 속에 고초를 겪다가 양부 심학수와 함께 북한으로 이주하였다. 현재 70대 중반의 심상용은 오랫동안 북한의 교포총국에서 중국 조선족을 담당하는 일을 해온 것으로 알려져 있다.

노년의 백보배(가운데)와 심연수의 동생 심호수 부부

## 좀 더 알아보기

### '청산리 대첩'을 이끈 김좌진 장군과 심연수의 인연

일본의 학도병 강제 징집을 피해 용정으로 돌아온 심연수는 신안진으로 몸을 피해 그곳의 조선인 학교에서 교사 생활을 시작한다. 신안진 공제촌의 국민우급학교를 만든 사람은 항일 독립운동가 김좌진金佐鎭 (1889~1930) 장군이다. 1920년 10월, 일본군을 상대로 대승을 거둔 청산리 전투를 이끈 지휘관이다.

1889년 충남 홍성의 부유한 명문가에서 태어난 김좌진은 1905년 서울로 올라와 육군 무관학교에 들어갔다. 그후 교육사업에 몸 담아 호명학교를 설립하여 애국 계몽운동을 시작하였고, 일제에 나라를 빼앗기자 군자금을 모집하며 대한광복회에서 항일투쟁을 전개했다. 대한민국 임시정부의 국무위원으로 임명되었으나 취임하지 않고 독립군 양성에만 전념하였다.

만주에서 무장투쟁을 전개하면서도 국내로 진격해 우리 힘으로 독립을 쟁취해야 한다는 신념에 따라 국내에 계속해서 밀사와 항일 투사들을 파견했다. 1925년에는 무장 독립군을 파견해 조선총독 암살을 계획하기도 했었다.

그러나 청산리 전투를 승리로 이끌며 평생 조국 독립을 위해 헌신했던 장군은 일제가 아닌 동포의 손에 뜻밖의 최후를 맞았다. 1930년대 독립운동가들의 사상은 여러 갈래로 나뉘어졌다. 민족주의, 사회주의, 무정부주의... 그들은 각기 다른 사상을 신봉했지만 공통된 하나의 신념을 갖고 있었다. 자신들의 사상이 식민 지배를 종식할 민족해방 이론이라고 확신했던 것이다. 안타깝게도 김좌진 장군은 이런 사상적 다툼 와중에 사회주의 계열 고려공산당원이 쏜 흉탄을 맞고 세상을 떠난 것이다.

정부는 김좌진 장군의 공적을 기리어 1962년에 건국훈장 대한민국장을 추서했다. 그의 아들은 영화 〈장군의 아들〉의 모델이 된 김두한이고, 손녀는 배우인 김을동 전 국회의원이다.

> 적막한 달밤에 칼머리의 바람은 세찬데
> 칼끝에 찬 서리가 고국생각을 돋구누나
> 삼천리 금수강산에 왜놈이 웬말인가
> 단장의 아픈 마음 쓰러버릴 길 없구나
>
> - 김좌진 장군의 시 단장지통斯腸之痛 -

# 2부

## 심연수의 문학 세계

# **쓰**고 쓰고, 또 쓰다 간 삶

　심연수가 남긴 유고 작품은 동흥 중학교와 일본대학 예술학원 창작과를 다니던 시절(1939~1943)의 5년간 작품이다. 그가 학도병 강제 징집을 피해 용정으로 돌아온 후, 신안진과 영안에서 교사 생활을 하던 시절(1944~1945)에 썼던 작품들은 아쉽게도 남아있지 않다. 아마도 그가 일본 경찰에 의해 피살될 당시 없어진 것같다. 들고 있던 트렁크 안에 있었을 텐데 경찰이 압수해 갔거나, 누군가에 의해 치워져서 유실된 것으로 추정된다. 아버지와 동생이 그의 주검을 찾으러 현장에 갔을 땐 텅 빈 트렁크만 덜렁 찢겨진 채 남아 있었다.

　5년 동안 쓰여졌던 심연수의 유고 작품은 그 양이 방대하다. 시조를 포함하면 시 작품만 무려 300여 편에 이른다. 특히 시선을 끄는 것은 시 외에 소설, 희곡, 수필 등 다양한 문학 장르에서 글쓰기를 했다는 점이다. 심지어 심연수가 쓴 영화평론까지 신문에 여러번 실렸다. 또한 1940년에는 하루도 빼먹지 않고 쓴 1년치의 일기장이 고스란히 남아있다. 부모와 동생들에게 보낸 편지도 무려 2백여 통이 있다. 중학교 졸업 여행을 다녀와 쓴 기행문은 읽는 사람이 마치 그 당시를 시간 여행 하는 듯한 생생함이 느껴진다. 요즘 사람들이 그의 작품들을 읽다보면 아마도 시대극 영화 한 편을 보는 느낌이 들 것이다. 나라 잃은 국민의 팍팍한 삶을 엿볼 수 있을 뿐 아니라, 80여 년 전의 시공간을 살았던 스무살 청년의 고민과 방황에 감정이입이 되기도 할 것이다. 또한 자기와의 싸움에 지지 않으려 노력하는 20대 청춘의 치열함에 감동받을 지도 모르겠다.

특히 심연수가 활발하게 글을 쓰기 시작한 1939년은 일제의 민족말살정책으로 우리말에 대한 억압이 본격화 되던 때였다. 국어 과목 폐지, 신문·잡지 폐간 등 우리말 사용을 금지하고 일본어의 일상화를 강요하였다. 1940년에 《조선일보》와 《동아일보》 등의 신문사가 폐간되었으며, 국내의 문인들은 우리말로 글을 쓸 수도 발표할 수도 없었다. 그 결과 이 시기는 '우리 문학의 암흑기'가 될 수밖에 없었다. 이런 엄혹한 시기에 우리말로 글을 쓰고 신문에 발표했던 심연수의 유고 작품이 사후 55년만에 세상에 나왔으니 문학계의 주목을 받는 것은 너무나도 당연했다. 일제 강점기 20대 청년의 가슴 속에 끓어올랐던 감성과 격정, 소리내어 외칠 수 없었던 울분을 오롯이 글로써 토해냈던 심연수. 그의 문학 세계로 떠나보자.

## 시 / 詩

떠나는 마음

떠나는 魂 車에 봄흠신
보내는 저 잔은 눈물
끝없는 두 줄기 길손이
낯모르는 님의 품을 찾아
안개 긴 새벽 아즘
이슬 나린 내ㅅ가 숲을
지번 記憶을 찾아 볼때

깨끗한
없는 한 孤獨
내가

# 감상 1

## 유랑자의 삶...
## 디아스포라적 감수성

"윤동주의 시가 안온하게 성장한 도련님의 정서에 바탕했다면, 심연수의 시는 대평원의 황야를 누비며 거칠게 몸을 굴려댄 남자의 한이 스며있다."

- 임헌영(문학평론가 · 민족문제연구소 소장) -

## 떠나는 설움

떠나는 기차에 몸을 실었다
보내는 오지랖을 눈물로 적시고
끝없는 두 줄기 길손이 되어
낯모를 님의 품을 찾아간다

사랑보다 참다운 사랑을 찾으려
정처 없이 떠나는 나그네 설움
찢어진 손수건이 다 젖도록
뜨거운 눈물 흘렸노라

귀를 가리고 눈을 막았노라
뼈와 뼈를 갈고 이와 이를 가는 소리
듣기만 해도 악착스러운 소리
안 들으려고 무한히 애를 썼다

두 주먹이 부서지도록 마주쳤으나
아프지 않은 아픔을
멀어질수록 똑똑해지는 그 일을
새록새록 꿍쳐보는 죄와 악

모든 것 다 버리고 싶은

회한을 품고

가리라 언제든지

끝이 날 그날까지

 심연수는 8살에 가난과 일제의 억압을 피해 고향 강릉을 떠나는 가족을 따라 러시아 블라디보스토크로 향했다. 거기서 7년을 살다 다시 만주 땅 여기저기를 떠돌며 유랑 생활을 했다. 18살에 겨우 중국 용정에 정착했지만, 문학 공부를 하기 위해 일본 유학길에 오른다.
이 시는 1941년 일본으로 가는 배를 타기 위해 부산항으로 향하는 기차 안에서 쓴 작품이다. 자기 인생에 정박해 있던 '떠나는 설움'이 언젠가는 끝이 날 것이라는 희망이 담겨있다.

## 이역의 만종

띵… 띵…
여운은 길게
짙어가는 \*모색(暮色)을
흔들어 놓는다
쓰림에 가슴 쥐고
찢어 누운 저 투사야
기대하던 이 하루도
보람없이 가버린다
띵… 띵…
음향은 굵고 길게
이 땅의 모든 불평
모아 울어주려무나

---

 \* 모색 : 날이 저물어가는 어스레한 빛

## 만주

잘 살려고 고향 떠나
못 사는 게 타향살이
간 곳마다 펼친 심하心荷
뜰 때마다 허실됐다

흐뭇할 품을 찾아
들뜬 마음 잡으려고
동해를 둘려서 어선에 실려
대인 곳은
막막한 벌판이었다

싸늘한 북풍받이 허넓은 곳
떼 장막을 치고 누워
떠돌던 몸 쉬이려던 심사
불쌍한 유랑민의 꿈이었다
서글퍼 가엾던 부모형제
헐벗고 주림을 참던 일
지금도 뼈아픈 눈물의 기록
잊지못할 척사拓史의 혈흔이었다

## *여창旅窓의 밤

길손이 잠 못 이루는
이 한밤
호창胡窓의 희미한 등불
더욱이나 서글퍼요

갈자리 틈 눈에는
뭇손의 *여진旅塵이 절어있고
칼자리 난 목침에는
*여수旅愁가 몇 천 번 베어졌댔나

지난 손 홧김에
애꿎게 태운 담배 꽁다리
구석에 타고있어
마음 더욱 설레인다

어두운 이 밤길에 달리는 열차
왈그럭 덜그럭
호마胡馬의 발굽과 무거운 바퀴
이 마음 밟고 넘어 가누나

심연수가 동흥 중학교 시절, 《만선일보》에 투고해 뽑힌 시 중의 한 편이다.

* 여창 : 나그네가 거처하는 방
* 여진 : 나그네의 체취
* 여수 : 나그네 설움

## 방랑

나는 가련다 정처 없어도
이 발길 닿는 곳 어디나
맞아줄 이 없는 낯선 땅
머물 곳 정함 없는 타향에서
홀로 헤매고자 또 떠나노라

떠나는 나그네길 서글퍼도
안 갈 수 없는 방랑의 신세
어제 머물던 오막살이엔
박꽃이 수없이 피었건만
서리 전 굳을 열매는 몇 꽃이런고

# 땀

이마에 쪼르르 흘러내리는
뜨거운 땀방울은
그 얼마나 귀중한 소산이냐
땀은 충실한 노력을 상징한다
용감한 투지를 표현한다
땀! 땀! 얼마나 믿을성 있는 액체냐

부지런하고 성실하고 튼튼한 일군은
땀을 소중히 여기면서도 아끼지 않는다
그들은 그것으로 고생하면서도
낙으로 여긴다
워싱턴의 땀이 미시시피강이 되고
나폴레옹의 땀이 로누하가 되었다.
보라! 어찌 땀을 허비하랴
과학자의 땀은 문명의 윤활유가 되고
영웅의 땀은 혁신의 원료가 되었다.

자, 그러면 우리들의 땀은
무엇에 쓸꼬

## 귀한 그들

이 땅 위에 귀한 이
몇몇이던가

묻노니 이 마음 찾느니 그들
세비로 양복에 당나귀 발을 신고
일 피난처 찾는 거리의 멋쟁이보다
적동색 억센 몸에 호미 쥐고 서 있는
농촌의 젊은이가 얼마나 귀하더냐

뾰족구두 양장에
가는 허리 한들거리는 아가씨보다
툭툭한 무명 옷에 고무신 신은
물 긷는 농촌 아가씨가 얼마나 귀하더냐

몸가짐 거칠다 깔보지 마라
수수한 그들 속엔
아름다움 참마음 빛나고 있어
겉이 귀한 그들보다 속이 더욱 귀하여라

## 슬픈 웃음

울어도 섧거던 웃기나 하지
몸부림 칠 줄 모른대도
설움을 슬퍼함은 같을 게다
옳거든 끄덕여서 알려주고
그르거든 고개 저어 깨쳐다오

참다운 삶은 모름지기
쓰라린 가운데 있으리니
갈래 많은 길섶에 망설이는
철 못든 외로운 길손 하나
구태여 가린들 무삼하리

온 세상은 그다지도 복잡하더냐
가거라 발 가는 곳으로
가면 다 같을지니
슬픈 울음을 삼키면서
서러운 웃음을 웃을 줄 알아라

## 돌아가신 할아버지

고<sup>苦</sup>에서 고생으로 돌아가신
가엾은 우리 할아버지
할아버지의 할아버지 적부터
물려주신 가난에 싸여 지내시며
자손까지 끼칠까봐 애쓰신 일
나는 차마 눈뜨고 못 볼 때가 많았나니
돌아가시던 그날 식전까지
수고를 모르시고 도우시다가
자손을 위하여 길바닥에서 놈들의 총에 맞아
객사하신 나의 할아버지여
왜 그렇게 총망히 오셨다가 그렇게 가시는가요
자손으로 봉양을 제대로 못한 저희들을
부디 용서하여 주세요
마지막 눈을 감는 그 시각
굶주린 수두룩한 자식들을 두고
유언의 말씀도 많으셨겠건만
한마디 말씀 못하시고 못하시고
돌아가시다니 돌아가시다니

일로 굳어진 갈구리 같은 커다란 손

괭이와 호미자루 낫자루에 장알 박힌 손바닥

일감에 다슬어 어지러진 손톱

찬물과 흙물과 서리 바람에

터갈라진 손등과 팔목

닳아터진 열 손가락에 찢어져 펄럭이는 흰옷

진흙투성이 된 헌 버선과 꿰진 고무신

아하~ 이 손 이 팔 이 버선과 이 신을 두고

누가 늙으신 분이라 할까

어느 나라 늙은이가 뉘 집 늙은이가

이렇게 참혹하게 돌아갔을까요

할아버지, 할아버지시요…!


자손 자손 부끄러운 이 자손

늙으신 할아버지를 그처럼 보낸

무능하고 불효한 미욱한 자손들

그래도 눈물은 있어서 생각은 있어서

하늘 원망하고 땅을 야속타 하고

세상을 저주하였다

---

 이 시는 할아버지가 일본 경찰의 총에 맞아 객사한 후 터져나오는 울분과 슬픔을 담아냈다. 할아버지 장례식에서 낭송 되었다.

## 해란강

내 잊지 못할 하나의 흐름인 너
거친 땅 간도의 품을 흐르는 힘찬 동맥
마른 입 마른 목 축여주는 생명수야
너는 가장 믿음성 있고 든든한 나의 동무였다

내 어린 가슴에 작은 염통이 뛰고
몽롱한 이상에 새 빛이 비칠 때
귀에 들린 힘찬 소리는
틀림없이 네가 외친 고함이었다

내 4년 동안 날마다 아침 저녁
밑창 빠진 신을 끌고 용문교의 널판을 밟았나니
그때마다 너를 보고 듣고 했다
어쩌면 그리도 내 마음을 잘 알아주던지

안개 낀 모아산 물소리에 깨는 아침
낙조에 물든 비파암의 저녁빛에
굽이굽이 맺혀진 고난이 풀리고
주린 배 띠 졸라서 돌아오는 길이었다

밤 깊은 강변에 어둠이 흐르고
북두성 기울어져 모아산에 걸쳤을 때
싸늘히 굽어보는 하현이 숨는 비파암에
홀로 걷던 이 발길이 오늘도 걷노라

가노라 멀리멀리 이 발길 가는 곳
산을 넘고 물을 건너 이 마음 맞는 곳으로
해란이 주는 소리 귀에 고이 간직하고
이 몸이 한 목숨을 해란과 약속하오

 심연수 일가는 연해주를 떠나 용정으로 온 후, 해란강 기슭에 정착했다. 심연수는 늘 해란강을 내려다 보면서 학교를 오갔다. 그에게 있어 해란강은 두만강만큼이나 추억의 강이다.

## 밭머리에 선 남자

손에는 호미
그의 몸에는 땀이 함빡 흐른다
평화의 동상 같고 인왕(仁王)이 선 것 같은
그 얼굴 그 자세는 이십세기식 젊은이다

이십억 여의 목숨을 쥐인 그들
어찌 힘이 없다 하며 무지타 하랴
그는 사악을 버리고 기만을 던졌다
오직 그의 눈 앞에는 조, 벼, 콩만이 보일 뿐

 심연수는 연해주로 이주한 8살 때부터 농사 일을 시작했다. 낯선 땅을 갈고 일구는 할아버지와 아버지를 보면서 농부에 대한 경외심이 커졌다. 그는 농부를 이 땅의 구세주이자 세상을 다스리는 왕으로 생각한 듯하다.

### 대지의 모색暮色


서천에 남긴 노을
어둠에 젖어 울고
음기陰氣 품은 저녁바람
땀 배인 몸에 스며든다

저무려는 대지에
짙어가는 모색이
어둠의 막幕을 들어
동쪽 하늘 덮어온다

오! 대지여
거룩한 그대여
어둠 속에 숨으려는
크고 검은 그 얼굴을…

## 대지의 봄

봄을 잊은 듯하던 이 땅에도
소생의 봄이 찾아오고
녹음을 버린 듯이 얼었던 강에도
얼음장 내리는 봄이 왔대요

눈 위의 마른풀 뜯던
불쌍한 양의 무리
새 풀 먹을 즐거운 날
멀지 않았네
넓은 황무지엔
신기루 궁을 짓고
새로 오신 봄님 맞이
잔치놀이 한다옵네

옛 봄이 가신 곳
내 일 바빠 못 왔길래

올해 오신 이 봄님은
누구더러 보라 할꼬

이 시는 ≪만선일보≫에 실린 작품이다.

## 대지의 여름

찌는 듯한 여름날
무르녹은 녹음에
만물은 자란다 큰다
울컥이는 지열 地熱
따거운 여름 볕
정신 나는 소낙비에
생물은 자란다 큰다
생장의 계절
무성의 시절
즐긴다 반긴다 모든 것을
마음껏 자라나라 힘껏 굵으라
네가 할 수 있는 정도까지
부족 없는 자연 속에 구속과 절제 없이
하늘을 찌를 듯이 땅이 우므러들도록
자라라 굵으라 이 땅의 만상아
대지는 네것이다 자연도 네것이다
풍부한 품 속에서 여름 속에서

## 대지의 가을

가을은 좋은 때
끝없이 푸른 하늘에
가벼이 뜬 조각 구름
더욱이나 좋을세라

담청의 하늘 아래
익어가는 가을 산야
굵고서 보아도 배부른
가을의 마음
단풍으로 성장할
그의 몸이길래
헤쳤던 가슴을 여미고
님을 찾아 산과 들로

맑아져 내리는 시내에
보드랍게 잡혀진 물 무늬에도
어딘가 싸늘한 맛이
흐르고 있다

석양에 빚어진
눌게 붉은 구름 아래
잠자리 찾아가는 갈가마귀떼도
떠도는 가을의 소리

어둠에 싸여지는
밭두렁 지름길에
새 뿔 나는 소를 끌고
애쓰는 가을의 아들
묽게 어둔 가을밤
버석이는 수수대에
소리 듣고 짖는 개도
가을의 수호병

지새는 가을밤
서늘한 새벽 하늘
서릿발 진 이슬에
여명은 깨어난다
하늘 곧게 오르는
아침 연기 그 기대에다
달아 올려라 힘차게
이 땅의 일군 총동원 신호를

## 대지의 겨울

눈에 덮인 큰 가슴
굵다란 맥박에 움직이는 모양
햇살은 가늘게 찢어졌고
바람결은 모질어졌다

얼음의 갑옷 입고 엎드린 대지
생명의 숨소리는 거세어지고
굳은 겨울 억세어지는 힘
대지는 살았다 소리도 살았다

추위에 자라는 이 땅의 아들
즐겨 맞노니 사모<sup>思慕</sup>의 시즌
단련의 겨울이 오고야 말았다

벗어라 귀찮은 그 구속의 너울을
알몸으로 뛰어나와 날뛰어라
정신 나는 삭풍에 머리칼을 날리며
몸뚱이를 쏘다니는 뜨거운 피로
얼음과 눈을 녹여봐라

# 감상 2

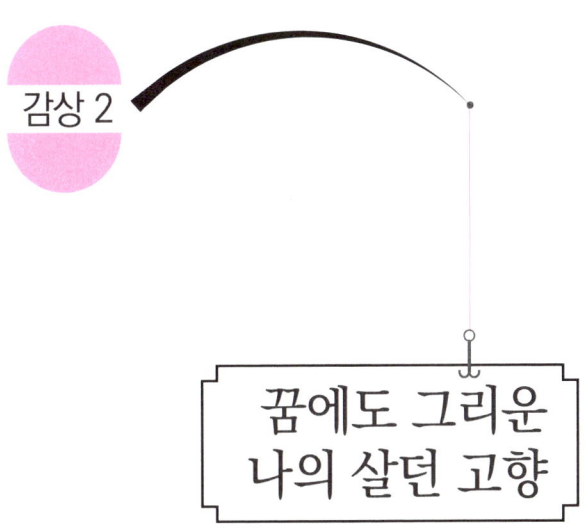

## 꿈에도 그리운 나의 살던 고향

"그의 시에 강과 호수, 그리고 바다가 상징하는 물이 많이 등장한다. 항구와 같은 고향 혹은 조국이 항상 심연수의 의식 속에 잠재하고 있었음을 부정할 수 없다."

- 엄창섭(문학평론가, 가톨릭 관동대 명예교수) -

## 고향

나의 고향 앞 호수에
외쪽 널다리
혼자서 건너기는
너무 외로워
님하고 달밤이면
건너려 하오
나의 고향 뒷산에
묵은 솔밭 길
혼자서 오르기는
너무 힘들어
님 앞선 발자국 따라
함께 오르리오
나의 고향 가슴에
피는 꽃송이
쓸쓸히 선 것이
너무 서러워
님하고 그 위로
자주 갈테요

# 경포대

지은 지 몇몇 해요 찾은 이 몇 만인고
해돋는 아침마다 달 뜨는 저녁마다
*유자遊子의 가슴과 눈에 얼마나 들었더냐

경호鏡湖에 비친 대臺 안개인 듯 어리우고
단청한 대들보에 제일강산第一江山 누구 필적
낡아진 액면에다가 남긴 것은 누구의 맘

그 전날 큰 노래가 또다시 열립소서
풍류를 즐기던 님 다 어디로 가고
기둥에 새겨진 이름만 외롭게 남았구나

대臺 옆의 묵은 솔아 학이 간지 오래였지
그러나 네 푸름은 그때와 똑 같으리라
학鶴은야 간다더라도 유사遊士는 찾아오소서

---

 * 유자遊子 : 집을 나와 떠도는 나그네

# 옛터를 지나며

그리도 좋다던 게 그닥 않구나
할머니 자랑 말도 옛날의 자랑이고
할아버지 고생 터전이 이제 다 없어졌노

어릴 적 놀던 시내 방축이 높아졌고
그 많던 물조차 이제는 말라졌으니
옛터에 남긴 기억이 더 희미할세라

 1940년 8월 여름방학을 맞은 심연수는 떠난 지 15년만에 고향 강릉을 방문했다. 고향을 둘러보면서 많은 시를 남겼다.

동해

푸른 물 뛰고 치는 동해안 모랫벌에
짧다란 소나무는 *다복솔 조롱소나무
아침 안개 자욱한 바닷벌에 조을고 있다

바닷물 짠 냄새와 소나무 송진 냄새
모랫벌 온 판에는 깨어진 조개 조각
차에서 뛰어내려 놀다 갈까 하노라

---

 * 다복솔 : 가지가 탐스럽고 소복하게 퍼진 소나무의 북한말

## 서울의 밤

서울서 밤을 자니 서울 밤 보고파서
거리에 나서니까 말소리 서울 말씨
옷도 조선옷이요 말도 다 조선말이더라

거리엔 흰옷이 조선옷 흰빛이요
얼굴도 조선 얼굴 모습도 조선 모습
눈을 귀를 다 뜨고 보고 듣고 하였세라

---

 식민지 조선과 중국의 도시를 탐방하는 중학교 졸업여행 때 쓴 시. 일제가 짓밟은 고국 땅을 둘러보며 느낀 참담함과 울분을 시에 담아냈다.

## 감상 3

### 청춘의 외로움, 그리고 방황

"심연수의 시어들은 유연하게 속삭이는 여성적 시어가 아니라, 거칠고 직설적인 남성적 어조로 일관되고 있다."

- 김영철(문학평론가, 건국대 명예교수) -

# 편지

새로 뜯은 편지에서
떨어지는
글자 없는 편지
아아 그것은
간절한 사연
설움에 반죽된
눈물의 지문
떨리던 그쪽 마음
여기에 씌어졌구나

---

 이 시는 동흥 중학교 장하일 선생님의 부인이자 당시 주목받던 여류 작가인 강경애에게 보여주고 칭찬 받은 작품이다.

# 밤

밤은 깊으려니
밤은 상처마다
고뇌가 맺히거늘
낡은 실오라기는
맥없이 끊어지더라
오리는 오리
갈대는 갈대마다
흩어져 풀리더라
무거운 밤
어두운 밤
밤은 한없이 깊어만 간다

## 안도(安堵)의 바다

갈까 보다 살까 보다 태평양 한복판에
*사바(娑婆)가 안 보이는 넓은 바다 그곳으로
*창파(蒼波)에 살아가는 물 사람 되어서
한세상 바다 속에 일생을 같이하자

세찬 파도 밀려오면 산호 숲에 깃들이고
폭풍우 몰아치면 암초 밑에 의지하여
하염없는 한 목숨을 그럭저럭 살다가
이 몸이 지치거던 물 속 깊이 가라앉자

\* 사바(娑婆) : 인간세계
\* 창파(蒼波) : 푸른 물결

## 고독 1

나를 지켜주는 하나의 벗
그는 언제나 잊지않고
내 가슴 주위를 돌고 있나니
번뇌에 휘감기면 풀어주고
우수에 젖으면 말려 주었고
초조에 말리면 축여 주었나니
내가 이 세상에 태어날 제
보호의 약속을 맡은 그
인산인해를 헤매어도
언제나 외로운 나
다만 그 혼자 따르며 벗하노니
사랑도 사람도 다 싫어
그만 있으면 흐뭇하도다

## 사내

말 없는 그 입에
말 못할 무엇이 있는지
나는 알고 있소

듣고도 모르는 체하는 그의 귀에
무슨 일이 들렸댔는지
나는 다 듣고 있소

총알같이 꿰 볼 듯한 그 눈이
무엇을 보고 있는지
나는 다 같이 보고 있소

그러나 그러나 나는 나는
다 알고도 모르는 냉혈을 가진
사내인 줄 알아주세요

## 오신 것을

찾아는 온 것을 만나 못 봐
섭섭히 돌아간 그대를
내 무엇 하다 못 만났는가
이제 와 후회한들 무슨 소용 있을런고

## 나그네

오! 너는 사랑에서 추방당한 몸
맞아줄 이 없고 찾는 이 없는 몸
오직이나 외로우랴
차디찬 길에서 한숨만 지으며
정처없이 헤매는 그는
한낱 떠도는 거품 같고나

# 회한

오호 알뜰한 청춘
통곡하는 운명은
기형의 불구자던가
아니다 그것은
수수께끼 같은 생명
누가 물려준 유전이던고
깨물어 뜯어도
피 한 방울 안 나는
말 못할 고기 덩어리
혈관도 없는 두루뭉수리
심장의 피는 어쩌고 있는지
칼로 푹 찔러보고도 싶건만
생의 애착은 한사코
아교처럼 안 떨어지는 병이더라

# 그

참……
잘하였소
끝까지 그것으로 그 모양으로
마쳐지면 좋겠소
그러길 바랐소
나도……

# 기다림

올 리 없는 사랑을 기다리는 맘
나로서도 부끄러운 청춘의 장난
고향 떠나 님을 버린 신세이거든
부르튼 입술로 외로운 노래나 불러보자

쓸 리 없는 분홍 사연 그리운 밤
사랑의 해안에 외로운 배 한 척
누구 찾아오는 님을 실음일런고
철없는 기다림에 가슴 조이는
이 하루 비 내리는 외로운 봄
님 사는 바다 저쪽 무한 그립다

---

 18살의 심연수와 15살의 백보배는 용정에서 처음 만났다. 더부살이 신세인 남학생은 주인집 딸에게 쉽게 다가가지 못했다. 첫사랑에 빠진 심연수가 혼자 가슴앓이를 하며 쓴 시다.

## 고독 2

이십의 오름길 가파른 준령에
외로이 걸어온 한 줄기 발자국
염천의 폭양炎陽도 사나운 폭풍도
궂은 비 내리는 음산한 날에도
고달픈 등산을 쉬지 않았나니
오늘도 내일도 언제까지든지
이 몸에 넋이 있을 그때까지는……

구태여 없는 동행을
멈추어 기다리지 않으니
이 한 몸 벗 삼고 나갈 몸이라
그 누구 따라옴을 원치 않노라

고독의 등에 진 륙색에다
사색의 양식을 걸머지고
외로운 등산을 계속하여
하늘을 찌를 듯한 이 영嶺 꼭대기에다
이 넋이 자리를 잡아 놓고
마음껏 높은 소리 질러보곤

내리막 저쪽은 내려 뛰리라
절벽을 심곡을 가리지 않고
준령 넘은 기쁨을 가슴에 품고
고독의 한평생을 마치려 한다

 심연수는 〈고독〉이라는 제목으로 시를 여러 편 썼다. 방학 때마다 혼자 북만주 여행을 다녔다는 일기를 보더라도 일부러 고독한 상황 속에 자신을 몰아 넣었던 듯하다. 그는 죽음마저도 아무도 동행하지 않은 고독 속에서 만나야했다.

## 밤은 깊었으련만

희망의 심지에 불꽃이 타고
마음의 밑창에 기름이 졸 때
세상은 잠이 들고 모든 것은 고요한데
그 무엇 찾는 마음 홀로 깬 이 밤에
잊히려던 옛일이 새삼스럽다
밤이 깊어 갈 제 마음도 깊었으면
참이 없는 가운데 황행하는 거짓
거짓에 사는 사람 허황의 세상

너의 이름은 사람이다

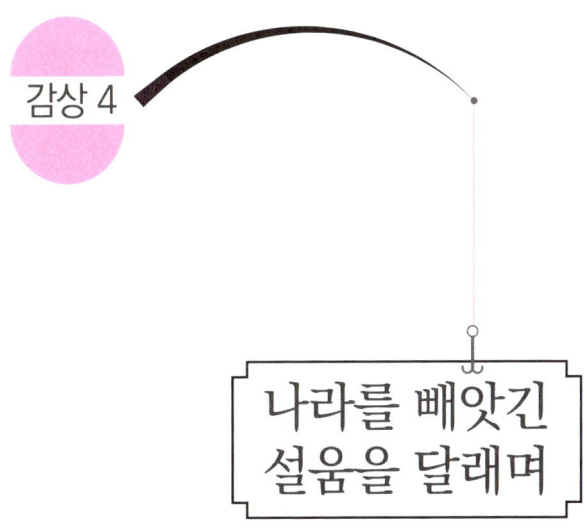

## 감상 4

### 나라를 빼앗긴 설움을 달래며

"심연수는 일제 말의 가파른 암흑기에도 절조를 굽히지 않고 국내에서 지탱해온 이상화나 끝내 이국의 감옥에서 숨을 거둔 이육사, 윤동주 시인과 더불어 항일시인의 반열에 우뚝 선다."

– 이명재(중앙대 인문대학 명예교수) –

## 터널

길다란 터널
캄캄한 굴 속
자연이 가진 신비를
뚫어 놓은 미약한 힘
눈을 감고 걸어도
밟히우는 송장
바닥 가득 늘어 자빠진 꼴
아, 빛이 없어 죽었나
빛이 싫어 죽었나
그러나 또 무수한 생명이
침목을 베고 누워
지나갈 바퀴를 기다리고 있음을
또 어찌하리
싸늘한 송장의 입김에서 들려오는
울부짖는 소리
위를 우러러도
아래를 굽어보아도
캄캄한 굴 속, 캄캄한 굴 속

## 불탄 자리

꺼졌다
타던 불은 남김 없이 사라져
싸늘한 재 *무지만이
옛일을 하소연한다
마음에 타는 불길
하늘에 닿기를
다 탄 뒤 이 자리를
어느 뉘가 보련고
그 무엇이 남을런고

---

 * 무지 : 무더기로 쌓여있는 더미

## 봄의 뜻

읽고서 알았습니다
님 마음 알았습니다
보고서 알았습니다
님 마음 알았습니다
글자마다 살았고
구절마다 뛰고 있습니다

## 국경의 하룻밤

두만강 네 몇 만년 흐르는 동안
이 강을 건너던 이 울더냐 웃더냐
나는 건너면서 웃음과 울음 사이였다

밤은 깊어간다 그러나 깨어있다
흐르는 물소리는 밤 공기를 가볍게 친다
아, 나는 왜 자지않고 이 밤을 새우려하나

---

 심연수는 8살 때 가족을 따라 블라디보스토크로 이주하면서 두만강을 건넜다. 그때의 두만강은 조국과 이별하는 '눈물의 강'이었다. 그로부터 15년의 세월이 흐른 후, 수학여행 중에 두만강가에서 하룻밤을 묵게 되었다. 친구들은 여행의 흥에 취해 즐겁게 놀았지만, 심연수는 홀로 두만강 강변을 산책하며 이 시를 썼다.

나라를 빼앗긴 설움을 달래며

# 침묵

담회색 침묵 속에
화석 같은 명상이
부처처럼 성스럽고
질서 없이 날뛰던 아수라는
피로에 취하여 넘어졌나니
잡음에 뒤숭숭하던 누리의 얼은
심해 해저처럼 묵직하다
흩어진 소음 숲에 삼엄한 침묵
흘러간 거짓 속에 믿음 있는 침묵
아~ 나의 기원은 나의 기원은
무인지경 같은 정적한 성지로
침묵의 행군을 하나니
침묵의 행군을 계속 하나니

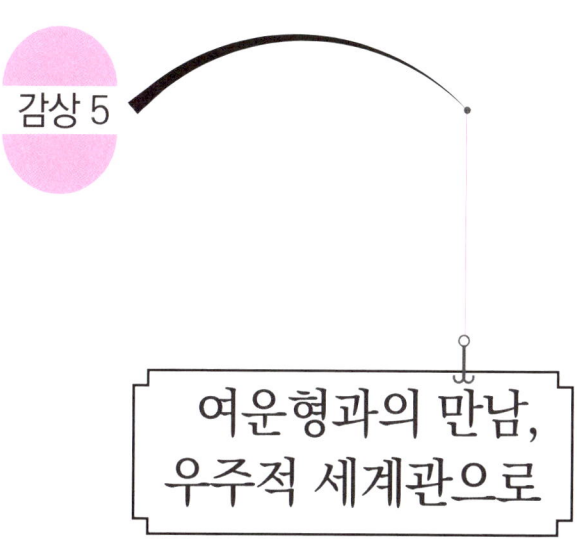

## 여운형과의 만남, 우주적 세계관으로

"일본 유학 후에 쓴 시는 세계사의 흐름을 구체적으로 인식하고 있음을 보여준다. 항일의식과 미래에 대한 낙관적인 전망으로 승화된다는 점에서 심연수 시의 가치가 있다."

– 김낙현(문학평론가, 중앙대교수) –

## 소년아 봄은 오리니

봄은 가까이에 왔다
말랐던 풀에 새움이 돋으리니
너의 조상은 농부였다
너의 아버지도 농부다
전지田地는 남의 것이 되었으나
씨앗은 너의 집에 있을 게다
가산家山은 팔렸으나
나무는 그대로 자라더라
재밑의 대장간 집 멀리 떠나갔지만
끌 풍구는 그대로 놓여 있더구나
화덕에 숯 놓고 불씨 붙여
옛 소리를 다시 내어봐라
너의 집이 가난해도
그만한 불은 있을 게다
서투른 대장쟁이의 땀방울이
무딘 연장을 들게 한다더라
너는 농부의 아들
대장의 아들은 아니래도…
겨울은 가고야만다
계절은 순차順次를 명심하자

봄이 오면 해마다 생명의 환희가

생기로운 신비의 씨앗을 받더라

---

심연수의 대표적인 저항시. 어둠 속에서도 봄(해방)을 기다리는 의지를 은유했다. 이상화의 '빼앗긴 들에도 봄은 오는가'와 비교되는 시다.

## 빨래

빨래를 생명으로 아는
조선의 엄마 누나야
아들 오빠 땀 젖은 옷
깨끗하게 빨아주소
그들의 마음 가운데
불의의 때가 묻거든
사정없는 빨래방망이로
두드려 씻어주소서!

---

 일본 유학에서 돌아온 심연수는 신안진과 영안에서 낮에는 학생들을 가르치고, 밤에는 동네의 청·장년층을 대상으로 야학을 했다. 자신의 시를 가지고 수업을 하기도 했는데, 특히 이 시가 문제가 되어 일본 경찰의 '불온 분자' 리스트에 올랐다.

## 눈보라

바람은 서북풍
해질 무렵 넓은 벌판에
싸르륵 몰려가는 눈가루
칼날보다 날카로운 이빨로
눈 덮친 땅바닥을 물어뜯는다
막막한 설평선
눈물 어는 새파란 공기
추위를 뿜는 매서운 하늘에
조그마한 해덩이가
얼어 넘는다

 심연수의 고향 강릉 경포호반에 세워진 시비에 새겨진 작품이다.

## 지평선

하늘가 지평선
아득한 저쪽에
휘연히 밝으려는
대지의 여명을
보라, 그 빛에
들으라, 그 마음으로
외쳐라, 힘찬 성대로
달려라, 해가 뜰
지평선으로
막힐 것 없는
새벽의 대지에서
젊음의 노래를 높이 부르라

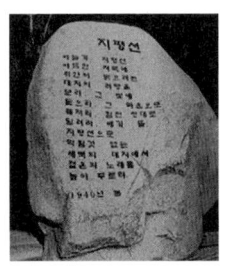

 2001년 8월, 심연수가 졸업한 용정 소학교 교정에 시비가 세워졌다. 〈지평선〉은 그 시비에 새겨진 작품이다.

## 고집

고집을 써라 끝까지
티끌만한 순종도 보이지 말고
타고난 엇장을 굽히지 말라
벽을 문이라고 우기고
팥으로 메주를 쏜다고 우기고
소금이 쉬여 곰팡이 낀다고 뻗치라
우기고 뻗치다 꺾어지건 통쾌해도
누구에게 굽석거리는 꼴은
보기 싫도록 역겨웁더라

---

 학도병 징집을 피해 일본에서 용정으로 돌아온 심연수는 신안진과 영안의 학교에서 학생들을 가르쳤고, 밤에는 동네의 청장년층을 대상으로 야학을 했다. 이때 자신이 쓴 저항시를 가지고 수업을 하기도 했는데, 이 시도 일본 경찰의 심기를 불편하게 했다. 결국 심연수는 '불온하다'는 이유로 유치장에 두 번이나 갇혔다.

## 여명 黎明

하늘가 지평선
아-득한 저쪽에
휘연히 밝아 오는
대지의 여명을
보라 그빛에
들으라 그 마음으로
외쳐라 힘찬 목소리로
달려가 해가 뜰 지평선으로
막힐 것 없는 새벽의 대지에서
젊은이 노래를 높이 부르라

## 등불

존엄의 거룩한 등불이
문틈으로 새어 든
한줄기 폭풍에 싸여
꺼져버렸습니다
그 옛날 조상께서 처음 켠 그 불이
그동안 한 번도 꺼짐이 없이
이 안을 밝혀 왔댔습니다
그들은 그 빛을 보면서
옛일을 생각하였고
하고 싶은 말을 하였으며
하고 싶은 일을 하였습니다
그러나 지금도 어둠 속에서
촛불을 켜는 이 있으니
또 다시 밝아질 때가
멀지 않았습니다
그 등잔에는 기름도 많이 있고
심지도 퍽으나 기오니
다시 불만 켜진다면
이 집은 오래 오래 밝아질 것입니다

# 새벽

미명의 광야를
달리는 자 누구냐
동 터올 새벽을 기뻐 맞을 젊은이냐
짧아진 횃대에 활활 붙는 불
새빨간 불길이 춤을 춘다

푹푹 우그러든 자국마다
땀이 고였고
대기를 몰입한 듯한 호흡의 율동
지심을 놀랠 만한 그 무보武步는
피 묻은 싸움의 여세餘勢의 연장

암흑을 익힌 개선 장병아
분투의 앞에 굴복한 과거는
캄캄한 어둠 속에 쓰러졌다

승리자여,
만난을 극복한 투사여
오래지 않아 서광이

그의 얼굴을

그의 몸을 비치리니

속으로 웃어 마음에 간직하라

잡고 있는 횃불 아래

따라오는 무리의

갈 길을 가르쳐주라

해 돋는 동쪽 하늘가

넓고 넓은 그곳으로

# 들불

임자 모를 불
거침없이 타는 천리 저쪽 녘
누가 놓은 불씨이기에
저토록 꺼짐 없이
밤하늘을 붉히느뇨
사정없이 타오르는
불길! 불길! 불길!
끌래야 끌 수 없는 위대한 작탄!
언제까지 이 들판에 살아 있을지
어두운 저녁 혼자 보는 들불
그 불똥이 이 가슴에 튀어오기를
삼가 경건히 머리 숙이고
말없이 숭엄히 바라보노라

## 휘파람

새빨간 입술에서
베어나는 새파란 소리
가늘고 강하게 나는 그 음을
그대여 귀 기울여
곡조를 가려 보라

고막의 밑창에
스며드는 음정이
무엇을 주는지
그대여 맛을 보고
웃음과 울음으로 나눠 보라

그러면 그대는 언제든지 불리라
언제든지 들리리라
그대가 소망하는 대로
미리 알고 불리라

## 그러지 마세요

울다가 웃고 웃다가 우는
시체의 헛울음 헛웃음쟁이여
왜 그렇게도 중심이 없소
인생이 그다지도 연기 그림자 같소?
울려거든 턱 밑에 동이를 놓고
한 댓새 줄곧 울어보고
웃으려거든 넓고 간(間) 없는 빌딩 안에서
두 팔 걷고 마음껏 힘껏 웃어 볼 것이지……
마셔요 그렇게 돌변은 마셔요
지구 안을 엿보고
광주리 메고 쇠깔구랑 든 사람이
아침에 화성을 떠났으니
저녁엔 이곳에 올걸요

## 거리에서

출렁거리는 인파에 밀려
생의 활극인 막을 열고서
모두가 유명 무명의 배우가 되어
스스로 즐기는 화장을 하였다
울 때에 웃고 웃을 때에 우는
극 가운데 극을 연출하고 있다
누구나 될 수 있는 배우
누구나 볼 수 있는 관중
모두가 분별없는 한곳에서
울고 웃고 먹고 자고 사랑하고 하는
땀이 최최한 그 상판에서
무슨 커다란 표정이 있을까
휩쓸려 한바탕 구르는 것이
무슨 경향이 있을 것이냐

생<sup>生</sup>


생은 즐거운 일 세상에서 만상에서
나와 같은 생물이 생겼다는 기쁨 속에
다 같이 지구상에 있을 수 있는
아아! 생은 영원히 지구를 살린다 세상도…
사람이 이르는 미운 것도 고운 것도 나고
사람이 만드는 적이 생길 수 있는
생, 언제든지 있으리라
사<sup>死</sup>가 생기는 것도 생<sup>生</sup>

# 사<sup>死</sup>

살았던 게 죽었다는 말…
없어진 것은 아닌
그러나 사<sup>死</sup>는 없어진 것과 같아
사람이 살고있는 세상에서
저도 나도 서로 가진 모든 빚을
사<sup>死</sup>로써 갚는다 죽음으로 청산한다
죽으라고 욕하던 미운 놈도 적도
죽었다는 그 소리만으로도 다 풀리는 적개심
자연히 불쌍한 마음이 나는 것
사<sup>死</sup>가 만일 없었더라면
살 수 없어 있을 수 없어 이 세상에서
났다가 죽는다는 위안 속에서
하고 싶은 일도 하고 미운 일도 나쁜 일도
사<sup>死</sup>라는 부진<sup>不盡</sup>의 재산을 믿고
놀고 쓰고 먹고 앓고 싸우고 하는
짧은 생애에 가느다란 수명이
태어났다가 살다가 죽는 것을
매우 많은 일생의 일 끈에서 광대 타다가
사<sup>死</sup>라는 꼭 있는 일을 맞는 것이 청산인 것
사! 사! 사! 죽음! 났다가 죽는 것

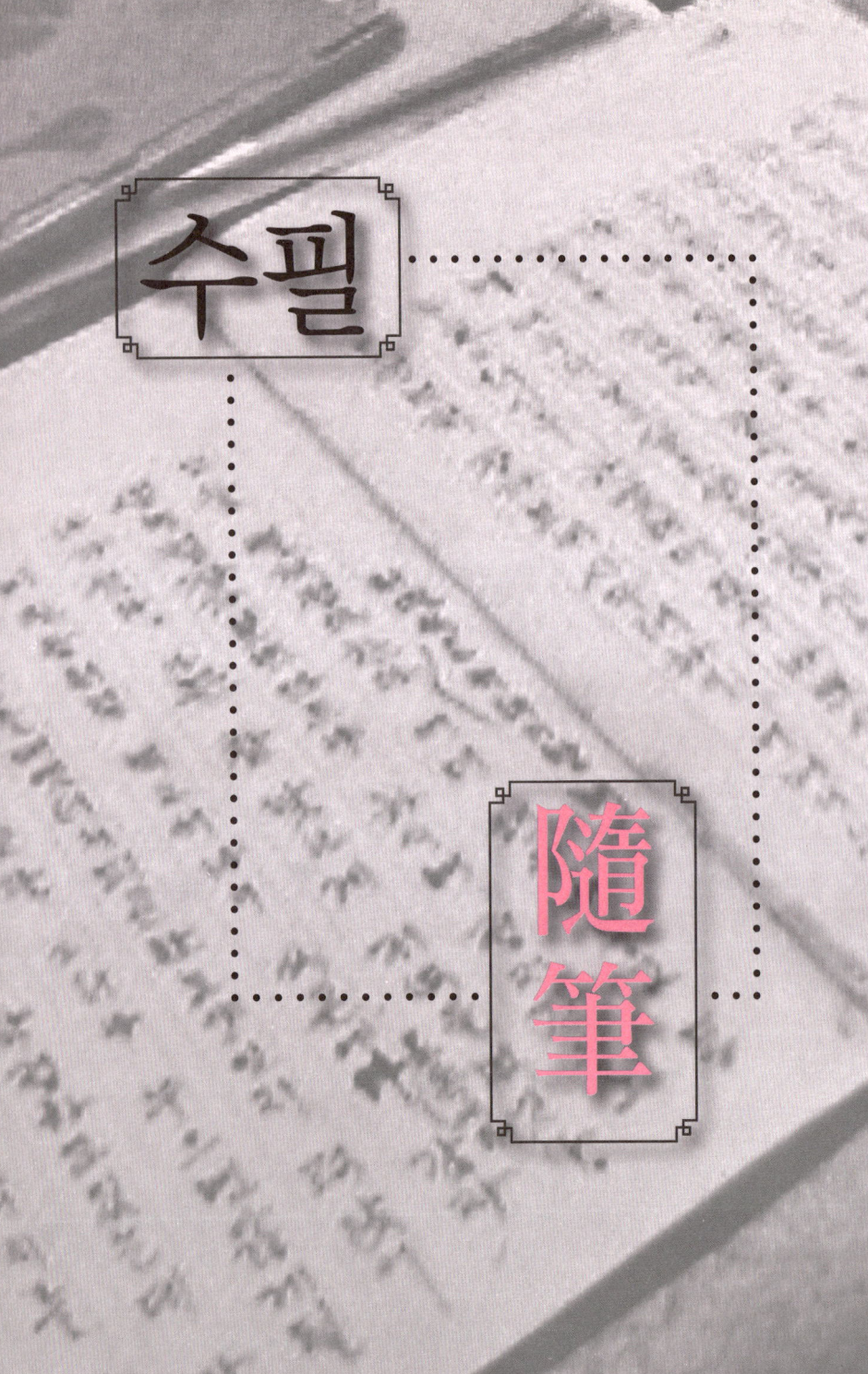

수필
隨筆

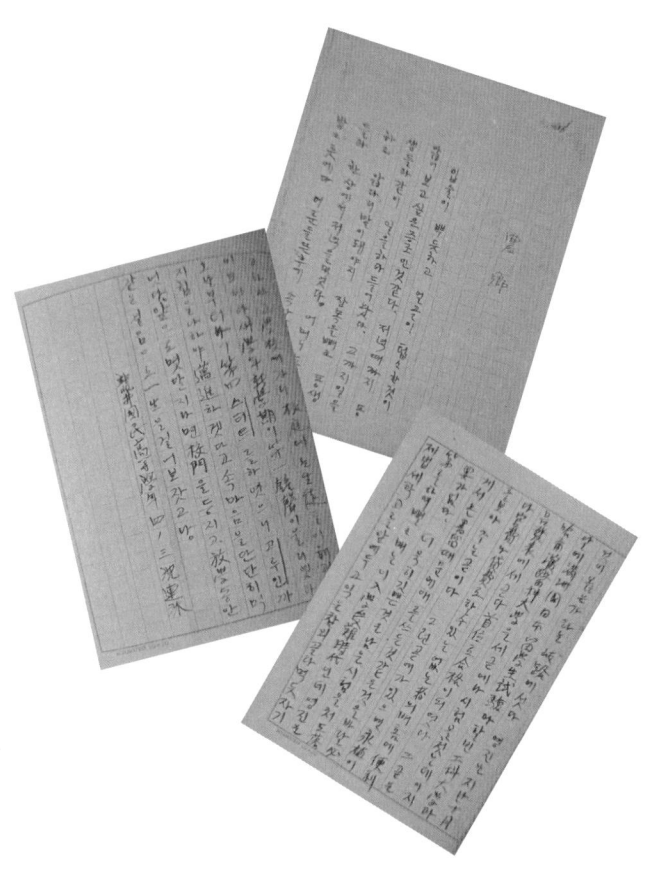

#  농가

나는 농부의 아들입니다. 내가 태어나서 부모님이 이때까지 농사 말고 다른 걸 하는 것을 못 보았습니다. 우리 집은 여러 곳으로 이사하며 다녔지만 한 해도 밭갈이를 하지 않은 해는 없었습니다. 가는 곳마다 밭과 논을 얻어서 소출이야 많건 적건 갈고 심고 거두고 두드리고 하였습니다. 아마 우리 할아버지나 아버지가 배운 기술이 그것 뿐인 것 같고 나도 그것만 배웠습니다. 똑같은 할아버지 기술과 아버지 솜씨를 유전적으로 가졌거나 또는 모방적으로 배우고 자란 나도 땅 파먹는 농부입니다.

나에게 고마운 것이 많아요. 우선 땅, 해, 물, 바람, 온갖 가축 등 자연이 준 것과 호미, 삽, 수레 등 인공으로 만든 우리 농사에 쓰이는 기계… 이루 열거할 수 없이 많은 것은 모두가 고마운 나의 스승이며 선배요, 벗이었습니다. 물론 앞날에도 다름없을 것입니다.

나는 어려서부터 아버지를 따라 밭과 논두렁 위를 발바닥이 닳도록 걷고 있습니다. 그저 놀러 다니려고 걸은 것은 아닙니다. 일하는 이의 손자요 아들인 까닭에 일을 해서야 먹고 산다는 것은 머리 속에 깊이 새겨진 것이었습니다. 태어난 후에 안 것이 아니요, 그러한 생각이 가슴 속에서 나왔으니 유전적인 것 같습니다. 그러나 일하기는 놀기만 못하였습니다. 너무도 바쁘고 고달픈 생활입니다. 내가 밭이나 논에서 일을 시작하기는 여덟 살 때부터였으며 시작한 곳은 고향의 따뜻한 일터가 아니었습니다. 넓은 땅, 산 없고 바다가 없는 나라입니다. 산이 무엇이요, 바다가 무엇이요, 바다가 얼마나 넓은 게요,

"우리 새 조이밭보다 더 큽니까?" 하고 묻는 아이가 있는 곳. 고향에서 북쪽으로 삼천리나 떨어져 있는 나라였지요. 그곳에서도 우리 집은 논농사를 해마다 하였습니다. 왜 있잖습니까. 그 물오리처럼 여름 한철은 꼭 물에서 텀벙거려야 되는 논쟁이의 집이었습니다.

이밥이 맛있고 좋았지만 우리 아버지의 아버지, 할아버지 때부터 매양 논쟁이 있었드래요. 이밥은 은쌀이고 조밥은 금쌀이다, 아니다, 이렇게 옥신각신 했어요. 그러나 우리는 이밥 먹는 날보다 조밥 먹는 날수가 더 많아요. 금은 은보다 귀하니까 귀한 걸 먹으면 좋대서 조밥을 먹는 것이지요. 그러나 나는 귀하지 않은 밥이 더 좋고 기뻐요.

내가 처음 일을 시작한 때는 가을이었어요. 제 키 만한 낫을 들고 어른들 사이에 끼어서 벼 베는 걸 지나던 코 큰 사람 부인네들이 "어린 것이 잘한다"고 말하는 소리를 들을 수 있었지요. 그러나 이제는 그때의 내가 아니요, 지금 생각해 보면 그때의 나는 어른이 되었습니

다. 나는 그때부터 지금까지 십여 년을 두고 배우며 일을 하였습니다. 해마다 개구리 우는 경칩이 지나면 개구리가 동면에서 깨어나는 것처럼 우리들 농부는 일터를 살피고 농기구를 손질하며 사람도 얻어먹지 못하는 콩을 소에게 먹입니다. 그래야 더 많이 수확할 수 있다는 바람에 아끼지 않고 먹입니다.

　녹았다.
　무엇이 녹았냐 하면 논갈이 할 만치 땅이 녹았다는 말입니다. 그러기에 나는 다 되었다는 것을 '녹았다'고 하는데, 듣는 사람은 나를 미쳤다고 할 지 모르겠습니다. 그래도 나는 미치지 않았어요. 농사질에 미쳤다면 말이 될 것 같아요. 그 다음에 녹을 것은 나의 소입니다. 첫 날부터 소꼬리에 매달려 진흙 몽둥이가 되어 딸려 다니며 소가 살이 내릴 때까지 애를 먹입니다. 소가 논을 다 갈고 나면 우리가 물을 대기 시작합니다. 그러면 물이 차오른 논에 볍씨를 뿌렸다가 벼 잎이 물 위에 뜨면 또 열심히 논을 가는 놈입니다. 삽을 메고 논에 가서 물꼬 보기를 하는 것은 해가 지는 지 미처 알지 못할 만큼 재미납니다. 세월 가는 줄 모를 만치 정신이 그 곳에만 빠지는 것입니다.

　벼 잎은 푸르다 못해 검은 빛으로 되어서 석양에 넘실거리는 것은 더 말할 수 없는 즐거움이지요. 그런 논에 삽을 메고 가서 물꼬 보기를 하다 보면 해가 지는지 미처 알지 못할 만큼 재미납니다. 세월 가는 줄 모르고 정신이 그 곳에만 빠지는 것입니다.

처음으로 흰 이삭이 나온 것을 볼 때의 기쁨은 과학자가 새로 무엇을 연구하거나 발견한 것 이상의 환희입니다. 은빛 같은 이삭이 초가을 바람에 스르르 하는 소리를 내며 바람결에 따라 늘실거리는 것을 보면 저절로 배가 부릅니다. 그 은색이 황금색으로 변하여 이삭이 고개를 숙이는 때에 낫과 숫돌을 꺼내 가지고 논 하구로 갑니다. 숫돌에 낫을 갈아 묵은 녹을 벗기면서도 눈은 황금빛으로 물든 논으로 향합니다. 논 구경에 정신이 팔려 숫돌을 눌러버리는 바람에 엄지 발가락까지 낫에 베서 피가 흘러내립니다. 그 지경인 데도 아픈 줄 모르고 낫만 갈고 있으니 자연의 큰 조화에 취하여 해가는 줄 모르는 상황입니다. 이것이 자연의 아들이며 참다운 구세군인 줄 못내 못 잊어 하다니… 할아버지도, 아버지도, 나도, 앞으로의 후손까지 이 길을 밟아 나가도록 하리라.

 그는 1940년 4월 26일자 일기에 밤을 꼬박 새워서 이 수필을 썼다고 적어 놓았다.

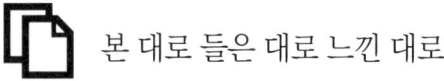 본 대로 들은 대로 느낀 대로

　벽에 걸린 캘린더가 몇 장 안 남았구나. 12월 16일 금년도 어느덧 지나갔는데 한 일은 무엇인가. 지난 월요일부터 2학기 시험을 치르므로 평소에 공부하기 그리 좋아하지 않았기에 시험기가 된 때에야 바빠 덤비는 것이다. 그런 시험 공부를 한 지 벌써 닷새, 오늘이 마지막 시험날이다. 학교에 오니 모두들 오늘은 3학년 시험도 끝이고 시원섭섭하다는 둥 하며 스토브 주위에 몰려 서서 떠들어댄다. 선생님이 등사하는 문제지를 가지고 들어와 "여러분들 마지막 시험 과목을 잘 치르시오. 정력을 다하여 무슨 사업이든지 끝을 주의하여 마쳐야 실패가 없다."고 하시면, "부정행위를 하면 시험지를 뺏는다."한다. 아마 어떤 시험장이나 커닝이 말썽이 되는 모양이다.

　마치는 종이 울리자 교실 안에서 종이 소리가 와삭와삭 나더니 선생님이 답안지를 모아가지고 직원실로 가버렸다. 오후 2시에 방학식을 하고 교장 선생님이 귀성에 대한 훈화가 있은 후 교문을 나가는 무리들과 같이 나도 교문을 나선다. 같은 고향 사람들은 서로 시간을 맞추느라 수군대며 하숙집으로 간다.

유학생이 기쁘고 재미있는 것은 귀성일 것이다. 집에는 조부모, 아버지, 어머니, 형, 동생들이 돌아가면서 반가이 맞아주며, 옛날 친구들도 만날 것이다. 더욱이 어머니가 계시는 학생은 사랑을 많이 먹을 것은 더 말할 것 없을 것이다. 밤이나 감 등 있는 과실은 다 나올 것이고, 장독 깊이 묻어 두었던 소고기 덩이를 막 삶아 줄 것이니 참으로 어머니를 모신 그들은 얼마나 행복이며 기쁨일까. 그리하여 학기 동안 고생하느라 살이 빠져 눈이 쑥 들어갔던 것이 잘 먹은 덕으로 뺨에는 살이 두둑 찌고 눈이 제자리로 쑥 나올 것이다.

그러나 어떤 사정으로 집에 못 가는 이가 있다면 그는 추운 간도의 하숙집이나 객지 남의 집 부엌방에 쪼그리고 떨면서 방학을 지낼 것이다. 이 생각 저 궁리하며 정거장에 나가니 벌써 대합실은 학생들이 꽉 찼으니 모두 귀성 학생인 모양이다. 우리 학교 학생, 다른 학교 학생이 모두 즐겁게 날뛴다. 내가 정거장에 나온 이유는 다른 학생들처럼 기쁜 마음으로 길 떠나는 시간이 아니다. 해마다 방학이 되면 북만주의 눈 벌판을 정처없이 마음 내키는 대로 이곳저곳 헤매며 다닌다. 나의 길은 집으로 돌아가는 친구들과는 정 반대의 길이다.

오후 1시에 용정역을 떠났다. 가는 길이 어떤 곳이며, 누구를 만나러 가는 길인지는 나도 모른다. 발길 가는 대로 한 달만 다녀보자 하고 기차 안의 한 구석진 자리에 끼여 앉았다. 그리하여 며칠을 지난 후에는 흰 눈이 덮인 삼강성 의란현 넓은 벌판에 꿩의 무리를 쫓으며 외로운 눈길을 걷게 되었다. 이곳은 말만 듣던 영하 30도의 날씨다. 뼈를 에일 듯한 찬바람과 추위와 싸우게 되었구나. 이곳은 송화강에 붙어있는 평원이므로 시베리아의 모진 바람이 불었다. 이곳에는 조선 사람들이 많이 이주해 와서 살고 있었다. 모두가 집단으로 모여 살고 있었고, 그들은 나에게 따뜻한 동포애를 느끼게 해주었다. 무엇보다 반가운 것은 향학열이었다. 30~40호 의 가구가 있는 마을이라 해도 꼭 학교는 있어 아동을 교육시키는 것이었다. 암, 이렇게 하여 어둠에서 헤매는 겨레를 구하여 국민을 교화시켜야 부국강병이 될 것이다. 지형이 험악한 산악지대에는 야학이 있어 낮 동안에 일에 시달린 피곤한 몸을 이끌고 배움의 열성 하나로 야학을 하는 믿음직한 청소년들을 보고 절실하게 느꼈다. 이 세상을 알아야 한다! 아는 것이 성공이며 승리하는 것을 절실히 느꼈다.

낮이면 괭이 호미
대지와 싸우는 그대를
밤이면 책을 끼고
배움에 불타는 젊은이
눈 날리던 황무지에
돋아나올 새싹이
앞날의 성공과 승리를
노리며 움튼다

이것도 내가 남긴 한 토막의 생애이니, 잊을 수 있으랴. 하얼빈에 도착한 것은 1월 20일 이었다. 객지 생활을 한 지 한달이 다 되어간다. 하얼빈은 만주에서 굴지의 도시인 만큼 참으로 크구나. 정거장에 내려 시내에 가니 참으로 현대 과학이 낳은 위상이다. 거리에는 러시아인의 활기있는 걸음걸이가 눈에 띈다. 시내는 러시아인이 많기 때문에 사원이 있으니, 고전적 색채가 새삼 눈을 찌른다. 송화강을 구경하려고 찾았다. 크구나. 넓구나. 내가 보는 강 중에서 처음 보는 큰 강이다.

신경에 이른 때는 2일이었다. 만주국의 수도다. 하얼빈과 같은 잡다한 느낌은 없지만 신선한 느낌을 준다. 지리 시간에 배운 아메리카 워싱턴이 조용한 정치 도시라더니 같은 정치 도시는 그런 모양인 것 같다. 오래 걸리지 않은 시일에 이처럼 개발이 된 것에 놀랐다. 하늘에서 건물이 비처럼 내려와서 앉은 자리에 선 것 같았다.

23일 신경역에서 용정행 기차표를 사서 기다리는 중에 수많은 사람들 틈에 이상한 복장을 한 두 청년을 보았다. 어느 나라 사람일까? 그 옷은 처음 보는 것이며, 색채가 많이 있는 것을 보니 고도로 문명이 발달한 민족의 옷으로 보여지지 않았다. 자세히 보았더니 모자에는 털이 있고 동양 역사 책에 나오는 그림에서 본 몽고인의 모자와 똑같다는 생각이 들었다. 그 두 청년이 이야기하는 것이 만주어가 아니라 처음 듣는 말을 하기에 그제야 몽고인임을 알았다. 우리도 크게 보면 몽고인이라는 생각을 하면서 그들과 한번 이야기를 해보고 싶었다. 그들도 외로운 듯 두 청년은 하얼빈행 기차의 개찰구 쪽으로 나가 버렸다. 만주령 안에서는 10여 종족이 산다더니…

  밤은 깊어간다. 어둠을 헤치고 동으로 동으로 줄달음 치는 차. 용정에 도착한 후 학교로 향했다. 내가 왔다고 반겨줄 사람 없지만 정이 느껴지는 곳이라 학교로 간 것이다. 빈 학교를 반바퀴 돌아 다시 교문을 나왔다. 오래지 않아 모두 고향으로 갔던 친구들이 돌아올 것이다. 몇 달 지나면 졸업을 하게 되고 이 교문을 완전히 등지게 될 것이다. 북만주를 홀로 헤매어 다녔던 걸음으로 일생을 걸어보자꾸나.

## 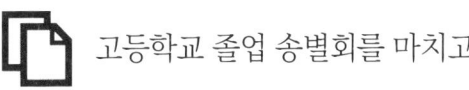 고등학교 졸업 송별회를 마치고

오후 일곱 시쯤 되었으리라 기억된다. 장소는 그리 좋지 않은 음식점이었다. 그러나 나로서는 이즈음에 제일 마음을 털어놓고 놀았던 의미 있는 날이었다. 70명의 동창들은 서로 지나간 나날들을 추억하면서 즐거워하고 슬퍼하기도 했다. 술 마실 줄 모르는 나였지만, 그 날 나는 처음으로 술에 취해 보았다. 흐리멍텅하고 스산스런 가운데서도 깊숙한 생각이 나의 뇌리에서 배회하였다.

나는 지난 날 어렵게 살다보니 이런 장소에는 와본 일이 없었다. 그래서 오늘은 어느 정도 기가 꺾였지만, 술이 얼큰한 김에 내 신변사와 세상살이를 한껏 토할 수 있었다. 지난 날의 모든 과오들을 용감하게 털어놓을 수 있었고, 나중에는 알력이 있었던 친구들과도 뜨거운 악수까지 나누게 되었다. 우리는 감격 속에서 울었다. 그리고 또 웃었다. 사내의 울음은 가식 없는 진정한 울음이다. 겉으로부터 흐르는 눈물이 아니라, 속 깊은 데로부터 흘러나오는 울음이다. 그것은 마음의 밑창을 활짝 열고 샘처럼 흘러나오는 진정한 우애의 표정이며 발로이다.

밤은 깊었다. 거리에는 사람이 드물어지고 가로등에는 차가운 기운이 아물거린다. 취하였다. 우리들은 손에 손을 잡고 어깨에 어깨를 걸고서 밤거리를 걷는다. 이 밤이 다 가도록 정든 이 거리, 추억으로 남을 이 거리를 걷고 또 걷는다. 1940년 12월 6일날, 용정의 밤 하늘은 별빛이 찬란한데 좁은 거리에서는 교문을 나선 젊은 무리가 걷고 있다.

 돈

   기다리던 돈이 왔다. 눈물겨운 돈이 아닐 수 없다. 뼈가 저리도록 속이 알알한 푼푼의 돈이다. 용서하여 주십시오. 제가 저지르는 모든 죄를. 제 한 몸만이 잘 되겠다는 것은 아니지만, 지금 같아서는 그렇게밖에 볼 수 없다. 왜 세상은 못 사는 사람이 있을까? 잘 사는 사람에게는 이만한 것이 아무것도 아니지만, 나의 처지에서 생각하면 참으로 눈물겨운 뼈의 산물이 아닐 수 없다.

   옳다. 나는 알았으니 그 알게된 바를 실행함으로서 부모형제의 은공에 보답하여야겠다. 이미 떠난 길이다. 앞으로 전개될 내 길은 영원한 시련을 아끼지 않을 것이니, 맞이하자. 그것을 힘차게 맞이하여 극복하고 영원한 최후의 궁극을 탐구하리라. 어제도 오늘도 내일도 언제든지 내길, 내 마음은 변함이 없음을 맹세한다. 집을 생각하면서 책을 펼친다.

# 일기 日記

大地는 零下 三十度이다. 白雪이 西北風 으고

（중략）

日松君은 親切도 하여 그에게 곰드 長屯에서 留宿하고 朴

訪問하고 江麗村事務所에서 留宿

日松君은 親切도 하여 그에게 곰드

人情은 오히려 오는 것 같어이다.

柱도 고 情으로써 노누가 죽한 상과 그러고 한 개의

밤은 추위노 엔 하였것 같어이다

出로 구름으 엔 잠. 고

누우는 時頃에 新事務堂에서 廊個人

感이 있것이 대웃지 鎖得하였노라

심연수의 유품 속에서
1940년 1월1일부터
12월 31일까지 1년치의 일기가
적힌 일기장이 발견되었다.

고등학교 졸업반 때 쓴
치열한 청춘의 기록이다.
일제강점기, 이역만리 땅에서
학창시절을 보내던
스물 세살 청년의
고민과 방랑, 외로운 삶이
고스란히 담겨있다.

## 1월 1일 월요일

　백설의 대지. 서북풍. 그리고 영하 30도다. 삼강성 의란현을 떠나서 삼성을 거쳐 영농촌에 왔다. 그곳에서 친구 박일송 댁에 들렀다가 한호연 마을 촌장 댁에서 하룻밤 묵기로 했다. 일송군은 정말 친절했다. 어린 그대의 따뜻한 인정은 영하 30도로 내려가는 수은주도 그 정 때문에 오르게 할 것 같더이다. 밤은 춥다. 노루가죽 한 장과 한 개의 외투로 추위를 면하였다. 오후 7시경에 마을 회관에서 윷놀이 대회가 있었다. 그것은 참으로 조선의 고전적인 놀이였음을 절실히 느꼈다

 1월 9일 화요일

　누님 댁에 있으며 누님과 옛일과 앞일을 이야기하다.
　떡을 먹다. 시루떡. 나를 위한 떡. 진정의 떡. 따뜻한 김 나는 떡. 팥고물이 있는 떡. 맛있는 떡. 먹고 싶던 떡. 먹고자 하던 떡, 떡, 떡. 먹지 않으면 못 사는 동물. 하루에 세 번 먹는 사람. 북만주의 기름진 땅에서 만들어낸 곡식. 곡식 중에도 좋다고 하는 벼. 벼 중에서도 좋다고 하는 찰벼의 쌀, 찹쌀로 만든 쌀을 이제 이곳에서 입맛을 내며 먹노라. 하늘과 이 땅에 감사를 표하노라.

### 1월 28일 일요일

　용정 시내로 나가 서점을 돌아다니다가 50전으로 소설 2권을 사고 원고지를 35전에 사가지고 정거장을 거쳐 집으로 오다. 집에 와서 가지고 온 소설을 보다. 플랫트홈엘 나가니 송기수 선생이 고향에 갔다가 돌아오시더라. 돌아오는 학생들도 많았더이다. 방학 중 집에서 살이 많이 쪄서 오는 모양. 그러나 날카로운 새 정신이 보였노라. 문학의 길은 이렇구나. 소설도 문학이겠지-.

### 1월 30일 화요일

　참된 삶을 살려면 노력보다 나은 것은 없다! 일찍 누나 집에 와서 교과서를 가지고 학교를 갔노라. 첫 기분이 아주 좋았노라. 바람 부는 운동장에는 친구들이 모여든다. 나도 한 사람의 학생이겠지. 남에게는 뒤떨어지지 않는다고 생각했다. 학과 공부는 제대로 치를 수 없었다. 선생님도 오늘이 첫날이니까 앞날의 진로 이야기를 하였다. 상급이냐? 취직이냐? 상급이라면 이과냐? 그렇지 않으면 문과냐? 내 소질에는 이과는 좀 그런 듯하더이다.

### 2월 4일 일요일

집에서 대수 문제를 풀다가, 용정 시내로 갔다가, 동흥사엘 갔다가 집으로 돌아오다. 이제부터는 하는 일 없이 시간을 보내진 않을 것이다. 저녁에는 지난 겨울 방학 동안의 소감을 쓰다. 나는 글을 쓰는 것이 좋으며, 또 쓰면 될 것같다. 참된 문장은 못될 지언정 그래도 내가 보니 그럴 듯하다. 자, 이제부터 읽고 보고 쓰고 하자. 이름난 그들도 처음엔 다 그럴게지. 이러기에 자존심이 생기는 것이구나. 출세하려면 자존심, 자만심이 어느 정도까지는 있어야 하더이다. 참으로 그렇겠다. 시간을 아끼자.

### 2월 16일 금요일

나는 문인이 부럽더라. 문인인 그들은 자기 하고싶은 일을 글로써 성취할 수 있으니 그 얼마나 행복이랴. 세상에는 자기를 표현하지 못하는 사람처럼 불쌍한 사람은 없을 것이다. 희망은 인생의 낙원이요, 위안을 주는 동반자이며, 희망 속에는 고통이 있다. 고통이 있더라도 희망이 있는 사람은 참 사람이요, 희망 없이 허덕이는 그대들이 오직 불쌍하더라.

### 2월 18일 일요일

할아버지시여, 우리 할아버지시여. 나는 또 할아버지 산을 찾아갔다. 추운 겨울 홀로 계신 것을 생각해서이다. 죽지않고 영생하는 일이 있으면 좋겠다. 그러나 우리 할아버지는 그런 소원을 가질 수 없다. 사람이 세상에 나서 그 몸 그대로 가지고 편안하게 살다가 수명을 다하는 것은 참으로 어려운 일이다. 사람은 나서 고통과 병마와 싸우며 갑작스런 참사를 만난다. 그것을 피하면 행복이요, 그것을 피하지 못하면 불행이다. 일생이란 믿지 못할 것. 내일을 알지 못하는 우리는 오늘, 이 시간, 이 순간을 사는 것이구나. 그것도 먹지 못하여 주리는 놈, 배부른 놈이 같지 않은 것은 무슨 일인가. 이것도 하늘의 법칙인가? 그렇다면 나는 그 법칙에 따르리라.

### 3월 11일 월요일

〈상록수〉를 보다. 나는 꿈을 싫어한다. 그러나 또 보려 한다. 마음대로 되지 않는 일에 그리고 그 노력에…그리고 꿈꾸듯이 맺으려 하는 그 이상을 실현하지 못하는 우리로는, 꿈에서나마 성취할 수 있는 것을 꾸어보기를….

### 3월 16일 토요일

　조선 같은 곳은 참으로 맑은 사람을 낳게 하는가. 반도니까 그런지 몰라. 좀 지구력이 적다는 것이 흠이다. 조회 시간에 송 선생님이 수양은 사람을 만드는 도구라고 말씀하셨다. 방과 후에 박종실 군 문병을 가다. 원하지 않게 고통과 병마에 시달리는 불행한 사람들이 그 얼마나 세상에 많았던가. 집에 왔다가 다시 시내로 나가 서점에서 책을 사다.

### 3월 28일 목요일

　〈노산 시조집〉을 사다. 노산 이은상은 최고로 행복한 사람이다. 크고 넓은 마음을 잃지 않고 글로 남긴 사람이다. 나를 그대를 존경한다. 단숨에 그 책을 다 읽었다. 나중에 두고두고 몇 번이라도 다시 읽고 보련다. 앞산에 올라 봄을 구경하였다. 작년에도 오르던 산을 올해 다시 오르게 되니 어쩐지 마음이 울렁거려 서 있을 수 없다. 봄이다. 첫 비다. 오늘에야 처음 비가 내려 이 마른 땅을 적신다.

### 4월 5일 금요일

학교에서 이성문 군이 여순의대에 합격했다는 반가운 소식을 들었다. 그는 재학 기간 중에 성적은 그리 좋지 않았다. 그가 졸업한 후 누구는 어디, 누구는 어느 대학에 합격했다는 소식을 듣고 자극 받은 그는 3개월 동안 시험준비를 하였다고 한다. 사람은 정신적으로 자극을 받는 데서 실력이 향상한다. 그러한 자극이 없었더라면 오늘의 이 기쁨은 볼 수 없었을 것이다. 그는 참다운 남자이고, 한 사람의 씩씩한 청년임에 틀림없다. 아침에 누이 집에 가니 매형이 돌아오셨다. 돈벌이에 눈이 동그래진 것이 불쌍하고도 귀하게 보이더라. 사람은 노력해야 한다. 직업의 귀천에 상관없이.

### 4월 16일 화요일

〈만선일보〉에 시 3수를 보내다.

신문에 나고 안 나는 것은 신경쓰지 않으려 한다. 내가 느낀 바를 누구에게 알리고자 하는 것이다. 그러나 세상이 너무 무명의 신인을 신임하지 않는다. 그러나 나는 그것을 원망하지 않는다. 그러나 좀 불안하다.

 4월 18일 목요일

　서승렬 군이 내 글이 〈만선일보〉에 실렸다고 한다. 그러나 나는 거짓말로 알았다. 그러나 참이었다. 잘 되고 못 된 것, 많고 적은 것에도 불구하고 내가 쓴 글이 활자화 되었다는 것은 참으로 기쁜 일이었다.
　사람은 눈치가 있어야 한다. 한문 선생이 하다못해 눈치로 때려잡더라도 쉬운 일까지 못 알아듣는 것은 너무나 무지하다고 했다.

 4월 26일 금요일

　학교에 가도 배우는 것은 별로 없다. 글을 써 보다. 쓰면 될 것 같다. 〈농가〉라는 것을 밤새도록 쓰다. 글 때문에 밤 새기는 처음이다. 정신이 집중되지 못하는 때 일을 하면 지겹지만, 정신이 집중되면 지겹지 않다.

### 4월 27일 토요일

오늘은 왜 남들과 말다툼을 여러 번 하게되는 지 몰라. 사람은 신경질이 나면 남들과 충돌하기 쉽다. 모두가 제 잘났다고 뽐내려는 세상이니 그것도 그럴 것이다. 될 대로 되어라. 네가 죽든 내가 죽든 어디가 부러지든지 서로 한바탕 호되게 싸워보고 싶다. 그러나 효과가 있고 없고는 상관하지 않고서…

### 4월 29일 월요일

수학여행비를 내다. 한용운의 〈님의 침묵〉을 사다. 그의 문장은 거칠고도 아름답다. 쉽고도 어렵고, 어렵고도 쉬운 글이다. 그는 중이다. 산사에서 법의를 입고 법당에 홀로 앉아 눈을 감고 손에는 염주를 쥐고 아미타불을 부른다. 그런 그가 이런 글을 쓰다니…. 시의 정취는 그윽하고 조용한 곳에 있는 것 같다.

 4월 30일 화요일

두번째 시가 신문에 실렸다.
〈여창의 밤〉.
정진하려고 하는 것은 좋은 일이다. 그러나 아직 할 일이 많으니 익기 전에 너무 그 길을 밟는 것은 정통을 잃을까 걱정이 된다. 정통을 잘 찾아 나가면 마지막에는 성취할 수 있을 것이다.

 5월 2일 목요일

학교에서 식을 하고 집으로 돌아오다. 《영원의 무정》을 보다.
산으로 들판으로 한 권의 책을 들고 거닐다. 좋은 터를 보면 앉아서 보고, 누워서 보고, 자빠져 읽어보고, 걸어가며 읽어본다. 이 책은 이러한 책이다. 젊은 육체에 힘찬 붉은 피가 뛰는 책! 무지개 같은 희망과 이상을 품은 책! 별의별 곳을 다 다니며 피의 잉크로 종이에 꾹꾹 박아 쓴 힘의 명작이다.

 6월 7일 금요일

    수양 시간에 장 선생께서 사람이 싸우고 나라가 싸우는데 대해 이야기했다. 싸우려고 하는 것을, 피하려고 하는 것을 없애 버리는 이때이니 누구든지 싸움할 만한 것을 만들어야 하겠다는 것이다. 그것이 생존경쟁에 뛰어든 사람의 일이고 부국강병의 길이라는 것이다. 개인이나 국가나 다 그러하다 역사의 페이지에 남긴 전쟁사도 그러한 것이 틀림없다. 자, 누가 강하고 잘 싸우나 큰 눈을 뜨고 끝까지 보고싶다.

 6월 11일 화요일

    오후에 우리 학교와 은진과 게임이다. 아, 가슴이 두근거린다. 악전고투! 그야말로 이 말을 여기서 쓰지 않으면 안될 것이다. 우리 학교가 이겼다. 우리 선수가 이겼다. 그러나 진 그들도 참다운 운동선수임에는 틀림없다. 지고서도 이긴 편을 위하여 응원하는 참다운 운동정신을 가졌다. 또 광명 중학과 싸웠으나 승패는 없이 날이 어두워져서 다음날을 기약했다.

6월18일 화요일

선생님 여러 명이 안 오셔서 수업은 몇 시간 하지 못하고 집에 오다. 이렇게 못 배운 것도, 잘 알지 못하는 지금, 학생들이 무엇을 해먹고 살겠나.

6월 21일 금요일

오늘은 우리 집에서 모내기를 시작한 날이다. 농부의 큰 일을 시작하는 날이다. 생명을 심는 날이다. 이제 시작하면 모내기가 끝나는 날까지 모를 찌고 심고 하는 날이 매일이다. 바쁘기는 일 년 중에서 제일이라지.

6월 29일 토요일

시험 복습을 하라는 날이 *온습일温習日이다. 그러나 집에 있을 수가 없다. 농촌에서는 더욱이 낮에 집에서 공부할 수가 없다. 그래서 또 용정으로 나갔다. 가면 학교뿐이다. 내가 졸업을 한다면 어느 곳으로 가며, 무엇을 하면 내 마음에 맞을까? 이 군과 같이 정구를 하다. 공에 바람이 다 빠졌다. 아, 공의 생명인 탄력을 잃은 공은 그만 못쓰게 되었다. 만물이 그야말로 탄력의 힘으로 움직이고 살아가는 것이다. 나는 이제부터 무엇이든지 탄력을 찾으려 힘쓰야겠다. 강에서 목욕을 하였다.

　*온습溫習: 배운 것을 다시 익힘

## 7월 7일 일요일

　용정으로 갔다. 이봉춘 군과 같이 나섰다. 해란강변을 찾았다.
　외로워하는 것 같은 사람, 빨래하는 젊은 그들도 우리와 같은 마음인 것 같다. 우리는 풀 위에 앉아서 한참 동안 과거의 이야기, 장래의 이야기를 하다가 그 곳을 떠났다. 오는 길에 늙은 여자들이 장구 치고 술 먹고 춤 추는 것을 보았다. 어쩐지 보기 흉하고 밉살스럽더라. 내가 처음 보는 모양이니 저런 것이 보기 싫었던 것이다. 저런 사람이 자식이 있는가. 있다면 무엇을 할꼬. 이 군과 밥 한 그릇 하고 동산에 올랐다. 아무 소득 없이 2원을 썼다.
　노자숙盧子淑이 쓴 《청공세심기靑空洗心記》를 보다.

### 7월 9일 화요일

학교 농과부에서 출석부를 부르고서 작업장으로 데려갔다. 우리들 10여명은 교장 지시 하에 수수깡 울타리를 세웠다. 일을 많이 하고 나서 그 결과를 보는 것은 참으로 즐거운 일이다. 집에서 나는 물꼬 보러 논으로 나갔다. 마른 논판에 물을 대고 아래 물꼬를 높이는 일을 했다. 물을 요구하는 작물은 어느 정도까지는 물이 있어야 한다. 세상사는 다 그런 것이다. 쓸 만한 정도 안에서는 쓰고, 할 만한 일을 어떻게 해서든지 마쳐야 하는 것은 우리가 매사에 처할 때마다 느끼는 바이다. 나는 물꼬를 다 보고 도랑 둑에 자리를 잡고서 〈청공세심기〉를 보았다. 어두울 때까지 마음을 주어 읽다.

### 7월 17일 수요일

오늘은 마지막 근로 봉사일이자 1학기 마지막 날이다. 우리는 일을 마치고 오후 2시에 방학식을 했다. 마지막 방학식이다. 갈 길을 보고서 오던 걸음을 정해야 할 때다. 좌? 우? 나로서는 아직 알 수 없다. 또 그 두 길 중에 어느 것이 아주 나쁘거나 아주 좋은 것은 아니다. 좋은 것도 나빠질 수 있고, 나쁜 것도 좋아질 수 있다. 오늘부터가 시작이다. 작업은 본격적으로 시작되었다.

### 7월 23일 화요일

저녁때 용정 시내로 갔다. 오랜만인 것 같다. 대체로 도시 사람들은 저녁을 먹고 거리를 산보하는 것에서 가장 위안을 받는 모양이다. 아! 농부는 그 무엇으로 위안을 받는가. 어두워 나가서 어두워 들어와서 저녁도 변변히 먹지 못하고 음침하고 눅눅한 방에서 모기와 빈대에게 성화를 받으며 자지 않는가. 왜 그들에게는 저녁의 산보가 없는가. 위안이 없는가. 그러나 그들은 불평하지 않는다.

### 8월 1일 목요일

이 군한테 일을 시키는 것은 너무 미안한 일이다. 그도 땀을 방울방울 흘리며 일을 한다. 고귀한 땀. 이 땅의 세상사를 알아주는 땀이다. 저녁에는 이 군과 같이 산보를 하였다. 어두운 가운데 말없이 그도 나도 걸었다. 가다가 멈추었다가 다시 돌아왔다. 말은 없다. 그러나 그 가운데 무슨 신비한 감정이 약동하고 있는 것 같다. 아….둘다 이성異性이 없는 몸. 이성을 모르는 신세. 서로 알고서 같이 지내는 것은 그와 나다. 우리는 로맨티시즘을 못 가졌다. 그저 말쑥한 한 개의 알몸뚱이다.

### 9월 5일 목요일

 지난 밤에 본 영화는 거짓된 생활 속에 사는 사람이 보았으면 좋은 것이란 생각이 든다. 학교에서 극장에 들렀던 사람은 나오라고 조회 후에 말이 있었다. 그러나 나는 안 나갔다. 나뿐 아니다. 그것은 자신을 속이는 것일런지. 그렇지 않다면 다행이다. 오후에는 농과부에서 금년 졸업생 송별 축구전을 하였다. 나도 구경을 하였다. 벌써 우리들을 두고 송별이란 말이 나오기 시작한다.

### 9월 12일 목요일

 오늘은 조회 시간에 상급학교 지망자에 대해서 주의사항이 있었다. 1인1고 지망이란 제도가 생겼다. 입학율을 낼 수 없는 조선 사람들에게 이런 제도까지 시행하고 보니 큰 타격이 아닐 수 없다. 체조 선생이 없어서 체조 시간은 모두가 자발적으로 시간을 보내게 된다. 그런 가운데 문제를 일으키는 일이 종종 생긴다.
 아! 벌써 가을이로구나. 산과 들에 가을이 왔구나. 나는 산으로 헤맨 일이 많았다. 오늘 할아버지 산소에 가소 벌초를 하고 왔다. 자손으로 해야할 일을 하였다.

9월 21일 토요일

상급학교에 가려면 많은 절차가 있다. 신체검사를 하러 국립의원에 가니 벌써 많이 와 있었다. 병자만을 취급하는 곳에서 씩씩한 학생들이 와서 반가울 것이다. 집에 와서도 할 일은 없었다. 책을 가지고 들로 나가 시원한 바람을 맞으며 읽었다. 해수가 소풍을 갔다 왔다. 나도 한 해에 두 번씩은 꼭 소풍을 갔다. 그러나 이제는 그럴 기회가 있을 것같지 않다. 생각하면 옛날 일, 그나마 희미해질 것이다.

 9월15일 수요일

요사이에는 마음 가운데 빈 것을 느낀다. 무엇이 부족한 것 같은데 그 이유를 알 수가 없다. 아침에는 안개가 자욱이 내렸다. 어느새 안개가 다 걷히고 나니 어두운 굴 속에서 갑자기 밝은 곳에 나온 것같다. 세상일은 희미한 안개가 늘 가리우고 있는 것이다. 그러나 안개처럼 맑게 사라질 줄 모르는 고통과 죄의식이 늘 걷힐 줄 모른다.

### 10월 2일 수요일

 오늘은 체조 시간에 심상 소학교 마당에 우리 반만 대표로 갔다. 일본, 독일, 이탈리아 동맹을 축하하는 연설회였다. 다시 학교에 돌아오니 상급학교 지망자에게 주는 주의가 있었다. 집에 돌아와서 그냥 있을 수 없어 책을 가지고 앞 벌판으로 나갔다. 가을, 가을이다. 오래지 않아서 겨울. 그때는 우리 각자 헤어져서 지금의 내가 아닌 사람이 될 것이다.

### 10월 14일 화요일

 그는 이름을 어떻게 부르며 어느 곳에서 무엇을 하는가. 학생임에는 틀림없다. 그윽하고 온순한 그는 누구의 여동생이며 누구의 딸인가. 만일 내게 저런 누이동생이 있다면 얼마나 재미있을까. 또 저런 사람과 만나서 마음이 아주 잘 맞는다면 얼마나 좋은 세상을 보낼까. 아서라. 지나친 마음이다. 너무 지나친 공상이다. 너는 네 할 일만 잘 해 간다면 그런 삶이 꼭 온다는 것을 마음에 새기면 된다. 나는 그를 사귀어 보고도 싶었다. 그러나 나는 신성한 비밀로 간직하려고 한다.

10월 31일 목요일

최흥렬 군의 결혼식이 내일이기에 축하 봉투를 가지고 갔다. 8시까지 놀다가 돌아왔다. 어두운 밤길을 몇 동무와 같이 걸어 내려오면서 많은 생각을 했다. 이곳은 우리 집이 있고, 낯익은 길이기에 걱정이 없다. 만일 낯선 곳, 나를 맞아줄 이 없는 타지에서 이런 밤길을 걷는다면 그 얼마나 외로울 것이며 앞날이 걱정될까. 이제 졸업을 하고서 어느 곳, 어느 길에서 헤매게 될런지….

 11월 1일 금요일

조선 고향에다가 호적등본 3통을 청구하였다. 여름에 가져온 족보를 처음으로 위탁하여 보내 보았다. 금액은 5원이었다. 나는 남에게서 돈을 받아본 적도 없고 부쳐본 일도 별로 없다. 《문장강화》를 사서 밤새도록 절반 가까이 읽었다. 밤에 밖에 나가니 샛별은 높아졌고, 은하수는 기울어져 있다. 앞에 있는 건축 현장에서 일하는 소리가 밤공기를 깨치고 용정의 전기불이 서쪽에 환하다.

## 11월 10일 일요일

아침 나절에 《아! 무정》을 다 보았다. 참으로 명작이다. 누구든지 한번 꼭 보아둘 만한 소설이다. 기태수의 《신생》을 새로 읽기 시작했다. 사람은 정의에서 행동을 하여야 한다. 그렇지만 그 정의가 때로는 알려지지 않을 때도 있다. 그럴 때라도 계속 해 나가는데 그 사람의 인격이 나타난다. 불의에 순응하는 자는 약자다. 강자는 마음이 강한 자여야 한다. 그 앞에는 무서운 것이 없다. 정의는 너를 강하게 한다. 너를 승리케 한다. 정의는 너를 살린다.

## 11월 12일 화요일

가자. 그러나 배우는 길을 가자. 세상에는 아는 자가 주권자다. 모르고는 아니된다. 돈은 없더라도 마음은 있지 않느냐! 힘찬 주먹이 있다. 가서 될 때까지 분발하자. 짧은 생애일수록 찬란하게 보내라! 보잘 것없이 길게 사는 것은 남자의 불명예이며 영광이 아니다. 사람은 감정이 있어야 한다. 감정이 잘못되면 큰일이지만 잘만 쓴다면, 그곳에서 장래의 새 길이 생길 것이다. 그렇다. 사람은 감정, 감정은 사람이다. 무엇이든지 잘 알아야 한다.

## 11월 28일 목요일

《조선문학단편》중<sup>中</sup>을 다 보고서 하<sup>下</sup>를 보기 시작했다. 주요섭 선생이 쓴 〈사랑방 손님과 어머니〉라는 것을 읽고선 참으로 위대한 문학이라는 생각이다. 문학으로 살아가는 사람들은 행복한 사람들이다. 이렇게 해서 후세에 태어난 사람이 그 글을 읽어두면 이 세상에 태어난 보람이 있을 것이다. 옳다. 또 쓰자. 그러면 될 수 있을 것 같다.

## 12월 5일 목요일

사진 찾으러 갔다가 장태섭 군 집에서 잤다. 이봉춘 군도 거기서 만났다. 그런데 마음이 쇠덩어리처럼 무겁다. 왜 그럴까? 나에게는 동전 한푼도 없다. 그들의 것만 쓰다 보니 기분이 잡친다. 저녁을 먹고 오늘 청소한 서늘한 방에서 마지막으로 남은 촛대에 불을 켜고 책을 읽었다. 마음은 무엇이 꽉 막힌 것 같다. 이렇게 오늘 저녁을 혼자서 쓸쓸하게 보냈다는 것은 내 일생을 두고 잊혀지지 않을 것이다. 이전에는 이런 생각을 해본 적이 없는데… 그런데 오늘은… 나는 방바닥에 떨어진 내 모자를 집어 들고 한참 바라 보았다. 왜 나는 여기서 혼자 시간을 보내고 있는가.

## 12월 6일 금요일

　오전 11시에 졸업식을 했다. 이번 졸업생 수는 390명이다. 아마도 전국을 통틀어 유래가 드문 숫자다. 조선 만주를 무대로 우리 동창들이 동서남북에서 그 어떤 일에 종사한다면 이것은 국가의 영광이리라. 오늘 마지막으로 중학 생활에 종지부를 찍었다. 저녁에 담임 선생님과 우리 60명의 동창생들이 송별연을 가졌다. 연회가 끝나자 우리는 울면서 헤어졌다. 잊지 않으리라. 이 날을 잊을 수 없노라. 이날을. 일생을 두고 기념하리라. 이봉춘 군 하숙집에서 속말을 다 털어놓은 후 집에 와서 잤다. 나는 오늘은 성스러운 날이라고 생각했다. 연길 누나가 왔다.

## 12월 20일 금요일

　아재는 내가 떠난다고 떡까지 하였다. 일찍 떠나서 자동차부에 갔다. 주문진행을 타고 가다 내려서 외가집이 있는 곳으로 올라오게 되었다. 중도에서 외가 형을 만났다. 그래서 외가에 가서 하루 지내게 되었다. 그리 반기는 빛을 찾을 수가 없었다. 참으로 섭섭하였다. 그러나 할 수 없는 일이다. 잠은 잘 오지 않았다. 제사날이라 한다. 우리 어머니도 한번 오시지 못한 제사를 외손인 내가 와서 보게 되었다.

### 12월 21일 토요일

외할아버지 제사날이다. 새벽 두시쯤 제사를 지냈다. 외가 형은 어제 나를 믿어주지 않았다. 나는 그 곳을 곧 떠나게 되었다. 여러번 왔다 갔다 하였다. 허무하였다. 주문진으로 내려와서 강릉으로 가는 차를 타고서 정동에서 내려서 웃댁에 들렀다가 송정으로 갔다. 어두운 가운데 험한 길을 따라서 걸었다. 누군가 반겨줄 이가 있는 가 하였다. 그러나 자꾸 걸었다. 권선식을 찾아보고서 또 아재집으로 갔다. 그곳에서 왜 그렇게 잠이 오던지 그냥 자버렸다.

### 12월 25일 수요일

아재가 지은 아침밥을 먹고 강릉 자동차부를 향해 떠났다. 동쪽에서 샛별이 마지막 빛을 지구에 던져주고 있다. 내가 남대천을 건널 때 새벽 하늘을 뒤흔드는 종소리가 들려왔다. 내가 첫 종소리를 들었을 때 형언할 수 없는 감동이 가슴에 차올랐다. 첫 차는 못 타고 다음 차를 탔다. 짧으면서도 긴 것 같은 고향 나들이었다. 동해선을 지나 오후 9시경에 원산에 도착하였다. 양복을 찾아입고 2시경에 나진행을 타게 되었다.

## 12월 26일 목요일

자다가 일어나 밤새 얼마나 많은 객들이 오르고 내렸는지 알 수가 없었다. 자리는 많이 비어 있었다. 동틀녘에 길주를 지났다. 상상봉에서 차를 갈아타고 용정에 내리니 오후 4시경이었다. 그리운 곳이여, 어제 바로 강릉에서 떠났는데 오늘은 용정에 왔다. 2천리의 먼 길, 아침에 차창에 비치는 세계는 순백의 세계였다. 용정에는 눈이 많이 왔다. 작년에도 못 보았던 대설이다. 갈 때는 없던 것이 이제서야 보는 저 은세계는 피곤한 눈에 너무나 강한 빛이이었다.

이봉춘 군에게 편지를 썼다.

## 12월 31일 화요일

내 일생 전체를 놓고 보더라도 올해는 손에 꼽을 만한 해일 것이다. 1940년은 잊지 못할 것이다. 좋든 싫든 그래도 나의 제2의 희망이 달성된 해이다. 별로 한 일은 없어도 조선 사람으로서 하기 어려운 중학 교육을 받았다는 것만으로도 감사히 여긴다. 금년은 퍽 일이 많았다. 본 것도 많고, 들은 것도 많고, 얻은 것도 많다. 다가오는 해는 어떠할 지… 그런 호기심을 가지고 금년을 보내려고 한다. 적지만 너의 역사에 빛나는 붓을 남기어라. 잊지못할 1940년…!

가족에게 보낸

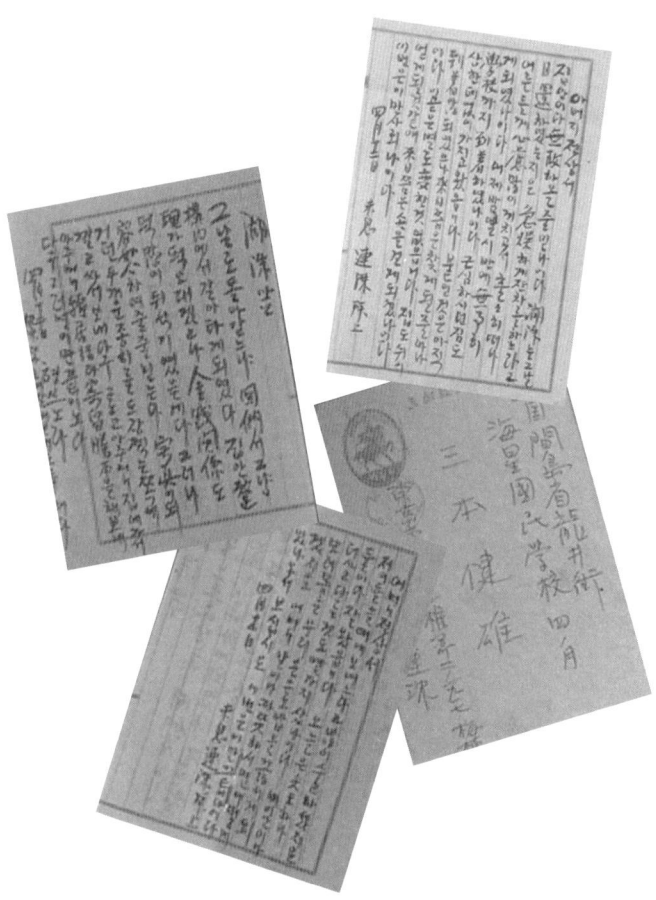

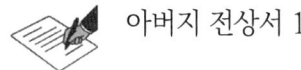 ## 아버지 전상서 1

그동안 할머니 안강하오시며, 어머니 아버지 다 안녕하시옵고, 저의 동생들 잘 있습니까? 저는 그날 용정을 떠나 아무 일 없이 10일 오전 7시에 동경에 내렸습니다. 동행하는 사촌 동생과 나는 동창생 허하룡이 나와주었기에 아무 일 없이 지금까지 있게 되었습니다.

그런데 아무리 고학을 한다 치더라도 처음 발 붙이는데는 얼마간 돈이 있어야 되겠습니다. 나머지 60원으로 신도 사고 식비도 주려 하오니 우선 덮고 잘 이불이 문제가 됩니다. 이곳은 온돌이 아니라 이불이 부족하면 추워서 못 견딘다 하오니, 이불만은 이곳에서 새로 장만하여야겠습니다. 속히 돈을 부쳐주면 좋겠습니다. 이곳 이불점에 가서 물어보니 요와 이불을 합해서 한 50원이면 좋을 것 같습니다.

할 말은 나중에 또 아뢰겠습니다. 안녕하옵기를 비오며 끝냅니다.

소화 16년 2월 12일
부족한 자식 연수 올림

## 아버님 전상서 2

　봄이 새로 시작되었는데 할머니 기력은 강녕하시오며, 아버지 어머니 안녕하신지요. 그리고 저의 동생들도 잘 있는 지 문안 드리옵나이다. 불초자 연수는 그저 집안 어른들의 염려만 끼치는 것 같습니다. 몸은 잘 있습니다. 불편하던 팔도 이제는 나았습니다. 일전에 한 3일 정도 아르바이트까지 하였습니다. 그러나 시험을 앞두고 그만두었고 4월 초순이 넘으면 다시 일을 시작하려 합니다.

　집에서 보내준 돈을 참으로 반갑게 받아 썼습니다. 왜 그런지 그 돈이 열흘도 못가서 다 떨어졌습니다. 물건을 좀 사기는 했지만, 헤프기가 짝이 없었습니다. 방세니 뭐니 만주보다 아주 비쌉니다. 그래서 이 며칠 동안 곤궁에 빠졌는데 뜻밖에 시동댁 형님이 50원을 보내줬습니다. 그야말로 하늘에서 떨어진 것이나 진배없이 반갑게 받았습니다. 이것이면 시험기간까지 되겠습니다.

　집에서 인사 편지를 꼭 하여 주시기 바랍니다.
　집안이 내내 안녕하시기를 바라나이다.

3월 25일 아들 연수 올림

 아버님 전상서 3

초가을 바쁜 와중에 할머니 기력이 여전하시며, 아버지 어머니 안녕하신지요. 그리고 호수, 근수, 해수 다 잘 있겠지요. 학수는 연길 있겠지요. 저는 7일 아침 연길을 떠나 무사히 10일 저녁에 동경에 도착하여 개학날 출석을 하였습니다. 모두가 집안에서 보낸 정성 덕분입니다. 저는 일자리를 구했고 12일부터 아무 걱정없이 일할 수 있게 되었습니다. 그런데 학교에 대해서는 그리 쉽게 전과(轉科)할 수 없게 되어 당분간은 수업료도 내지않고 알아볼 작정입니다.

제 걱정은 조금도 마세요. 집의 일에만 신경쓰시면 됩니다. 가지고 온 돈은 줄 것 주고 좀 쓰느라고 한 30원 없어지고 나머지는 아직 꼭 가지고 있습니다. 창운 아저씨는 잘 있습니다. 나중에 또 아뢰기로 하고 그만 올리나이다.

미숫가루를 부치지 마십시오. 이곳에서 먹는 것은 아무 걱정 없으니 집에서 잡수십시오. 집안이 다 무고하기를 바래나이다.

9월19일 아들 연수 올림

 ## 아버님 전상서 4

  할머니는 건강하시오며 아버지 어머니 안녕하신지요. 그리고 제 동생들도 잘 있습니까. 가을걷이 하시느라고 얼마나 바쁘셨습니까. 이제는 어떻게 되었습니까. 다 실어드렸는지요. 불초자는 그저 멀리서 염치 없는 부탁만 하여 집안을 더 바쁘게만 만들고 있습니다.

  이번에 시국상 임시로 수업 연한이 단축되어 한 반년 빠르게 되었습니다. 3년이 2년 반으로 되었습니다. 그러나 그것이 짧은 기간은 결코 아닙니다. 될 수만 있다면 하루라도 속히 끝내는 것이 돈이 없는 사람들의 바람입니다. 그러나 마음이 급하면 현실은 그 반대의 파급을 주는 것 같습니다. 그나저나 1년도 다 지나가고 말았습니다. 오는 12월 8일부터 13일까지 2학기 시험을 시작하게 됩니다. 방학은 아마 1개월 가량 되는 것같습니다. 내년부터 방학을 금지한다는 말이 있는데, 아마 수업 연한을 단축시키느라 그런 것 같습니다. 내년 여름 방학은 있어도 올해처럼 길지는 못할 것 같습니다.

  저는 지금까지 이곳 저곳 여러 곳에 옮겨 다녔습니다. 이번에 또 옮겨갈 것 같습니다. 12월 초에 이곳에서 다른 곳으로 옮길 것 같으니 12월 초까지 이곳으로 편지가 오게하지 마십시오. 그전까지는 해도 받을 수 있을 겁니다. 혹시 소식 알릴 일이 있으면 그 전 주소로 하는 것이 좋을 듯 합니다.

집에 무한한 죄만 짓고 있습니다. 앞으로 내내 안녕하옵기를 바랍니다.

11월 19일 불초자 연수 올림

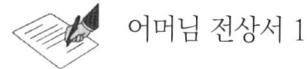 **어머님 전상서 1**

 집안이 다 안녕하신지요. 얼마나 수고가 많으십니까. 이제는 날도 퍽 따뜻해졌겠지요. 올해의 모든 일은 작년보다 더욱 즐거운 가운데 진행될 것이라 생각합니다. 새사람을 맞이할 상서로운 해이기 때문입니다. 빨리 그때가 오기를 기다립니다.

 이번에 제가 나가지 않는 것도 가을에 나가서 같이 경사를 맞이하려는 것 때문입니다. 그리고 요 전번의 편지를 보셨으면 아시겠지만, 누이하고 잘 의논을 하셔도 좋습니다. 물론 집에서는 더욱 반길 줄 압니다.

 이번에 제 동무가 집에 찾아갈 지도 모릅니다. 그 분이 이곳으로 떠나오는 때를 아시거든 부칠 것을 부탁해도 좋습니다. 토성포에 사는 김도찬이라는 동무입니다. 그만 물러갑니다.

아들 연수 올림

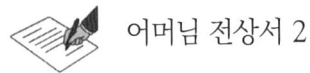 어머님 전상서 2

어머니.
우리 집에서 기다리던 반가운 일이 거침없이 오고 있습니다. 집안이 다 반겨주십시오. 온 세상이 축하하고 있습니다.

올 일은 언제야 오고야마는 법입니다. 조금의 차이는 있을지언정 뛰어 넘는 법이 없습니다. 바랬던 일은 더 반가울 수 있으며, 그 기쁨이 더 클 수 있음을 어머니는 아시겠지요. 이제 그러한 일이 우리 집에 가득 오려합니다. 벌써 와 있습니다.

잔칫날도 멀지 않은데 얼마나 여러가지 일에 바쁘신가요. 그러나 바쁠수록 더 반가운 일일 것입니다. 저도 이번 잔치 때에 경제적 여유만 있다면 같이 즐거움을 나누고 싶습니다.

아들 연수 올림

## 어머님 전상서 3

저희들을 떠나보내느라고 많이 수고하셨지요. 둘이 다 잘 도착했습니다. 오늘은 솥도 하나 더 사고 다른 것도 몇 가지 샀습니다. 내일이나 모레쯤은 우리 손으로 밥을 짓게 되겠지요.

어머니.
날이나 따뜻하면 어떻게 있나 한번 와서 보십시오.

이번은 이만 끝이나이다.

아들 연수 올림

 호수야 보아라

할머니 강녕하시며 아버지 어머니 안녕하시겠지.
그리고 너희들 공부 잘하고 있느냐. 농가의 봄은 이제부터 무척 바빠질테지. 그렇지만 작은형도 없으니 네가 집을 맡아 보아야 한다. 물론 힘이 못미치는 것이 많을 줄 안다. 그러나 하면 할 수 있는 것이 세상 일이니, 힘을 다해서 만전을 다하면 되는 법이니라.

이번에 나가려 했는데 이럭저럭 그만 두고 가을로 미루었다. 작년 그때쯤 나가게 될 지 모르겠다. 그리고 그곳 일을 좀 자세하게 편지에 알려주면 좋겠다. 이곳서 혹시 편지가 없더라도 그곳 소식을 알고 있으려면 너희들이 자주 편지를 하는 것이 나을 듯하다.

그리고 농사는 작년 부치던 것을 다 하도록 하는 것이 좋을 성싶다. 작은형이 다른 데 가서 하지만, 집에서는 집대로 해 보도록 힘을 쓰라. 그러면 그때는 나도 집일을 돕게될 지도 모르겠다.

3월 28일 형 쓰노라

 학수 보아라

그동안 집에서 얼마나 분주하냐. 할머니 강녕하시오며 아버지 어머니도 안녕히 계시지? 그리고 동생들도 공부 잘 하고 있느냐.

어제가 단오였다고 나는 모르고 지낼 뻔했는데 학교에 가서 친구에게 듣고서 알았다. 집에서는 하루 쉬었겠구나. 이제는 모를 낼 때도 되었지. 또 바쁜 때가 되었구나. 어려운 가운데 더 바쁜 일이 오는 법이라고 하지 않던가.

그리고 집에서 보낸 미숫가루는 잘 받았다. 고맙게 잘 먹는다. 오래 두고 먹어야 할텐데 벌써 얼마 남지 않았다. 그리고 해수 근수는 공부 잘하는지…. 올해는 너무 집안 식구들만 애를 쓰지 말고 일군을 좀 사서 모를 내라. 농부도 사람인 이상 과로를 너무 하는 것은 무리한 일이니까.

나는 우리 마을을 몇 번이나 그려본다. 물찬 논에 비치는 저녁 노을, 쉴 새 없이 떠드는 개구리 소리… 지난 날을 생각하면 이곳 동경 생활에는 그런 자연이 없는 것이 아쉽다.

한달 후에 찾아가면 반갑게 맞아줄 집안을 생각하며 내일도 모레도 쓰라린 고(苦)의 생활을 맛보려 한다.

안녕히.
한 달 남짓 아니 3년 동안을 두고 때때로 만날 그날을 가지다.

5월 31일 밤 형 쓰노라

 학수 보아라

  퍽이나 집 소식을 기다렸다. 오늘이 일요일이기에 어디 갔다오니까 너희들 편지가 두 장이 와있구나. 참으로 반가웠다. 물론 섭섭한 줄은 알면서도 떠나게 되었다. 알면서 할 수 없이 떠난 것이니 용서하여다오.

  집에 와서 여러가지 일을 잘 보아야할 줄 안다. 경제가 넉넉하지 못한 우리 집에서 나 같은 속좁은 욕심쟁이가 나오다 보니 온 집안 식구가 근심만 하게 되는 줄 안다. 그러나 오래지 않는다. 한 열아무 달만 참으면 될 걸로 믿어다오. 나도 그렇게 알고 건너온 것이다. 그리고 내 생각은 말아라. 이 곳에서 무사히 지낼 것이다.

  그러면 자주 편지하도록 하여라. 좀 길게 서너 장씩 쓰도록 하여라. 집안 일을 자세히! 그러면 안녕히.

섣달 스무날 형 쓰노라

 호수 보아라

그동안 얼마나 고생하느냐. 집안은 다 평안하겠지?
　편지와 돈을 제대로 받았다 이제는 그곳도 무척 따뜻해지겠구나. 땅은 얼마나 녹았는지…. 우리 집은 농사꾼의 집이니 땅을 생명처럼 여기고 부지런히 일해야 한다.

　일하는 한편 부지런히 책을 보아라. 집에 있는 내 책을 잃어버리지 말고 너희 형제들이 의논해 가면서 착실하게 읽어라. 책만 많이 보면 중학교를 졸업하는 것보다 낫다. 기실 만주의 중학교는 아무 것도 아니다. 근수, 해수는 꼭 우등생이 되도록 부지런히 공부해야 한다.

　내가 입던 고구려 양복과 아래 내복 하나를 부쳐라. 그리고 《문예독본》1, 2권과 이태준의 《문장강화》와 임화가 쓴 조선 문단의 시집을 소포로 부쳐주었으면 좋겠다.

　오늘은 이만 줄인다.

3월 9일 형이 씀

 호수 보아라

   그동안 할머니 기력이 강녕하시오며, 아버지 어머니 안강하실 줄 안다. 그리고 너희들도 잘 있겠지. 근수, 해수 학교 방학은 어떻게 되었느냐.

   요즈음은 무슨 일을 하니? 이제 지음은 다 끝났겠지? 만주 농촌 상황은 어떠하냐? 만주라기보다는 간도 말이다. 퍽 가물었다고 하더라. 이제는 추석도 멀지 않았구나. 나는 그동안 아무 일 없이 잘 있었다. 오늘이 개학이다. 개학도 마지막 개학인 것같다. 그렇지만 또 학교는 있다. 학교는 없는 바가 아니다. 그동안 편지가 없어서 답답하였겠구나. 전보도 받았었다. 편지 없는 것은 편안할 때다.

   졸업식은 9월 30일쯤 된다 하니 곧 갈런지는 의문이다. 누가 붙들어서가 아니라 떠나기 어려울 것이다. 금전 사정도 있고 해서 몇 달 더 있을런지, 될 수 있는 대로 속히 나가 집안 일을 돕고 싶으나 할 수 없다.

   이번은 이만 끝이다.

8월 21일 형 씀

# 3부

## 발굴 비하인드 스토리

해방을 불과 일주일 앞둔 1945년 8월 8일
패망을 예감한 일본 제국주의가
최후의 발악을 하던 그때,
스물여덟 살 문학 청년의 푸르른 삶이
일제의 총에 의해 무참히 쓰러졌다.
그의 몸에서 흘러나온 핏물이
바닥에 흩어진 그의 시들을 붉게 적셨다.

오랜 세월이 흐르는 동안
이 젊은 청년의 허망한 죽음에 대해
아무도 몰랐다.
55년후, 심연수란 이름을 무덤에서
꺼내준 사람이 있었다.
소정 이상규 시인이다.
무명의 젊은 시인을 저항 시인의 반열로
올라서게 만든 장본인이다.

심연수 발굴기

# 땅 속의 '글항아리', 그 사연과 발굴 이야기

    1960년대 중반 중국 문화대혁명 시기, 심연수 시인의 가족은 일본 유학을 다녀온 그의 이력으로 인해 일제에 부역한 반혁명세력으로 몰려 곤욕을 치렀다. 당시 시인의 원고를 간직하고 있던 동생 심호수도 형제라는 이유로 홍위병들에게 커다란 수난을 당했다. 심연수의 원고가 발각되는 경우 그대로 한 줌의 재가 될 상황이었다. 그때 심호수는 형의 원고를 지키기 위해 비닐에 꽁꽁 싸서 항아리 속에 넣은 후 땅 속 깊이 파묻었다. 그리고 수십 년이 지나도록 다른 사람들 눈에 띄지 않게 간직해 오다가 국내 어느 시인의 도움을 받아 세상 밖으로 나오게 된 것이었다.

    2000년 초. 중국 연변 용정에 있는 한 허름한 농가 주택에 들어선 이상규 시인은 고개를 갸웃거렸다. 이곳에 가면 귀중한 보물이 있다는 소문을 듣고 찾아왔는데, 얼굴에 주름살이 깊게 패인 노인만 혼자

마루에 걸터앉아 있을 뿐이었다. 낡은 집이며 세간살이를 보니 보물 같은 건 있을 리 만무하겠다는 생각이 스쳤지만 자신의 명함을 건네며 인사를 나누었다. 노인은 당황하지도, 그렇다고 웃으며 반기지도 않은 채 그대로 일어나 집 뒤 헛간 쪽으로 걸어 갔다. 이상규 시인이 따라 가려고 하자 노인이 몸을 휙 돌리며 따라오지 말라고 손사래를 치는 것이 여간 이상하지 않았다. 한참 후에 노인은 커다란 항아리 한 개를 가지고 와서 이상규 시인 앞에 내려 놓았다. 뜻밖에도 그 속에는 육필 원고와 일기장, 수십 권의 창작 노트 등이 담겨져 있었다. 그 노인은 바로 심연수 시인의 둘째 동생 심호수였다. 20년 전 당시 팔십을 바라보던 그는 평생 그 항아리를 지키기 위해 살아온 사람처럼 어디에도 눈을 떼지 않고 항아리에 묻은 흙을 닦고 또 닦았다.

생전 맏형 심연수가 가장 믿음직한 동생이라면서 자신이 쓴 글을 그에게 맡겼다. 마치 은행에 적금을 드는 것처럼. 자신의 글을 동생에게 맡길 때마다 부자가 된 듯한 표정을 짓던 형의 모습을 잊은 적이 없었다. 언젠가 좋은 때가 오면 책을 내겠다던 형의 꿈은 일제에 의해 비명횡사 하면서 물거품이 되고 말았다. 문화대혁명의 광풍이 불던 시기, 심호수는 커다란 항아리에 형의 원고들을 담아 땅 속 깊숙이 파묻었다. 얼마간 시간이 흐르면 다시 땅을 파고 항아리를 꺼내 안에 든 원고를 햇볕에 말렸다. 이런 과정을 수없이 반복하면서 55년 동안 육필 원고를 지켜왔다는 것이다.

항아리에 담긴 원고는 형의 넋이자, 자신의 유일한 보물이었다. 심호수는 자신이 죽기 전에 형의 간절했던 꿈을 이뤄주고 싶었다. 그래서 그는 간간이 연변의 출판사들을 찾아다녔다. 그러나 없는 살림에 출판 비용이 만만치가 않았다. 어떻게든 돈을 융통하여 출판해 보려 했지만 그 과정이 쉽지 않았다. 이미 형이 죽은 지 50년 이상의 세월이 흘렀고, 게다가 이름도 알려지지 않은 무명 시인이다보니 시집을 내주겠다며 나서는 출판사가 없었다. 이런 안타까운 사연이 우연히 이상규 시인의 귀에까지 들리게 된 것이다. 그렇게 해서 동생 심호수가 지녀온 평생의 숙제가 해결되었다. 형의 육필 원고와 자료들이 〈조선족 문학사료전집 심연수편〉이라는 이름으로 한꺼번에 묶여 세상에 나왔기 때문이다. 그 후로 많은 사람들이 형의 이름을 불러 주었고, 형의 시들을 칭찬하며 낭송해 주었을 때, 동생의 마음은 감개무량했다. 형이 살아서 이 모습을 더욱 좋았을텐데….

2017년에 심호수는 97세의 나이로 세상을 떠났다. 그 후에도 그의 아들 심상만과 계속 연락을 주고받고 있다는 이상규 시인. 심상만은 부친이 돌아가신 후, 연변의 삶을 정리하고 강릉에 정착해 삼촌 심연수 시인의 선양 사업을 돕고 있다. 심상만의 말에 의하면 북한에 있는 사촌 형 심상용은 현재 70대 중반의 나이임에도 아직도 사회 활동을 하고 있다는 것이다. 또한 심상용의 자식들이자 심연수 시인의 손주들도 잘 성장하여, 그들 중에는 의사와 당의 고위 관료가 된 사람도 있다고 한다.

# 최초 발굴자 인터뷰

- 대담자 : 소정 이상규 시인 · 권현희 작가
- 대담일 : 2020년 6월 25일

"시인 심연수는 꿈을 노래한 혁명가, 세상과 소통하려 했을 뿐… "

"1995년에 제 시집이 중국에서 출간된 것을 계기로 처음으로 연변에 가게 되었지요. 가 보니 연변 출판계의 사정이 매우 어렵더군요. 제 시집을 내준 뜻도 고맙고 해서 그곳 문인들을 도울 방법을 찾아보겠다고 약속했습니다. 그러던 차에 용정에 사는 심호수라는 분의 얘기를 듣게 되었죠. 50년 이상 소중히 간직해 온 형님의 문학 작품을 출간해 보려 애쓰고 있다는 겁니다. 그래서 보관 중인 원고 유품을 눈으로 직접 확인하고, 출판에 대한 상의도 할 겸해서 찾아간 길이었습니다. 그런데 제가 한국에서 온 사람이란 걸 뒤늦게 알고는 겁먹은 표정을 짓더니 안되겠다면서 그냥 가라고 하더군요. 처음에는 왜 그럴까 상당히 당황스러웠습니다. 나중에 이야기를 들어보니 그분의 태도가 이해가 가더군요. 심연수 선생이 죽었을 때 아내의 배 속에 아이가 있지 않았습니까? 제가 심호수씨를 만났을 당시 심연수 선생의 아들이 북한에서 고위 간부로 근무하고 있었어요. 혹시라도 남한 사람의 도움으로 아버지의 책이 발간되면 유복자인 조카의 신변에 안 좋은 일이 생길까봐 몸을 사렸던 것입니다."

20년 전의 만남을 떠올리는 이상규 시인의 목소리가 떨린다. 28년이라는 짧은 삶을 살다간 청년의 인생도 안타까웠지만, 형의 꿈을 이뤄주고 싶었던 동생의 절절한 마음도 눈물겨웠다. 그러나 이상규 시인이 정작 더 놀란 것은, 항아리에서 꺼낸 유품 원고의 방대한 양이었다. 유품으로 남겨진 원고는 5년 남짓의 기간에 쓰여진 글들이었다. 5년 동안에 시는 물론, 시조, 소설, 희곡, 영화 평론 등 다양한 장르의 글쓰기를 시도했다는 사실에 이상규 시인은 혀를 내둘렀다. 창작열로 불타 오른 20대 청년의 문학적 혈기에 감동 받았다고 한다.

심연수의 집 안에는 유난히 글 쓰는 사람들이 많다. 삼촌 심우택도 열아홉 살에 소설집을 펴냈고, 큰누나도 학생 글짓기 대회에서 항상 1등을 했다는 것이다. 그뿐 아니다. 막내 동생 심해수는 해방 후 연변에서 문인으로 등단한 연변작가협회 회원이었다. 윤동주 동생과 친구인 인연으로 윤동주가 직접 만든 문학 스크랩북을 빌려 읽으며 일찍이 문학에 관심을 가졌던 심해수다. 심호수 자신은 글 쓰는 일과 거리가 먼 농사꾼의 삶을 평생 살아왔지만, 문학하는 사람들을 만나면 가족애를 느낀다고 말하면서 이상규 시인에게 마음을 터놓았기 시작했다.

발굴된 심연수의 자필 원고를 감정 중인 이상규 시인(오른쪽 두번째)

"심연수 선생과 윤동주 시인은 동년배로 같은 시기에 용정에서 학교를 다니며 문학을 했다는 공통점이 있지요. 또 둘 다 일제에 저항하다 해방되던 해에 억울하고 허망하게 세상을 떠났다는 점도 같습니다. 두 사람의 시가 세상에 알려지게 된 과정도 비슷합니다. 윤동주 시인은 친구에게 맡겨 둔 시가 사후에 세상에 알려졌지요. 반면에 심연수 선생은 친동생에게 글을 맡겼다가 세상에 빛을 보게 된 점이 묘하게 닮았어요. 전 거기서 어떤 운명적인 인연의 끈을 봤습니다. 그런데 아주 큰 차이도 있지요. 윤동주 시인은 해방되고 바로 시집이 나와 민족 시인으로 존경받게 되었는데, 심연수 선생의 글은 반백 년이라는 세월이 흐른 다음에야 세상에 나오게 되었다는 점이지요. 아마도 집안 배경이 다르기 때문에 그랬을 거라 추측이 되요. 윤동주 시인은 부유한 기독교 집안에서 자랐고, 심연수 선생은 가난한 소작농 집안 출신입니다. 먹고 살기 바빠 시집 출간은 엄두도 못 냈을 거라 짐작은 갔지만 혹시나 해서 심호수씨에게 물어본 적 있어요. 왜 이렇게 오랫동안 심연수 선생의 글을 땅 속에 묻어 두었냐고 말입니다. 사연을 들어보니 뜻밖에도 중국의 현대사가 개입되어 있더군요."

심연수 선생의 '글 항아리'가 수십년 동안 땅 속 깊숙이 묻혀지게 된 배경에는 중국의 문화대혁명이라는 역사적인 사건이 숨어 있었다. 문화대혁명은 1966년부터 10년 동안 중국 대륙을 휩쓸며 불었던 '붉은 광풍'이었다. 모택동이 추진한 문화대혁명의 명분은 자본주의 사상이나 문화를 몰아내자는 것이었으나, 실질은 반대파를 몰아내고 자신의 권력을 강화하기 위한 정치투쟁이었다. 그 문화대혁명의 전위대가 학생들 중심의 홍위병이었다. 그들은 전국을 돌며 자본주의적 사고와 문화는 물론 유교 등 전통 문화마저 반혁명적이라며 파괴하는 데 앞장섰다. 당시 수많은 지식인·학자·문인들이 '반혁명 인사'로 지목되어 비판을 받았다. 그들은 하루 아침에 직장에서 쫓겨나거나 재교육을 명분으로 연고 없는 지방 변두리 공장 등으로 유배되었다. 이 과정에서 모멸감을 견디지 못해 자살을 선택한 지식인과 관료도 수없이 많았다.

"중국 문화대혁명 당시 심연수 선생이 일본 유학을 다녀왔다는 이력으로 인해 가족들이 일제에 부역한 반혁명세력으로 몰렸다고 하더군요. 곤욕을 치르던 선생의 유복자 심상용은 양부가 된 큰 삼촌 심학수와 함께 북한으로 피신했다고 합니다. 제가 심연수 선생 원고를 발굴했을 당시, 심상용이 북한에서 중국의 조선족 정책 책임자로 근무하고 있다고 들었어요."

심연수의 유품 속에 들어있던 윤동주 시인의 문학 스크랩북

한편, 심연수가 남긴 유품을 찬찬히 살펴보던 이상규 시인의 눈을 유독 끌어당긴 물건이 있었다. 뜻밖에도 유품 속에서 윤동주의 물건이 발견된 것이다.

"심연수 선생의 막내 동생 심해수와 윤동주 시인의 동생 윤광주가 친했던 모양입니다. 심 선생의 유품 중에 신문에 실린 문학계 관련 기사를 오려 붙인 윤동주의 스크랩북이 있었어요. 윤광주가 형의 스크랩북을 친구 심해수에게 빌려준 모양입니다. 그런데 어찌어찌 돌려주지 못하고 심연수 선생 집안에서 보관하고 있었던 것 같아요. 나중에 심해수는 학교를 졸업하고 연변 문단에 등단해서 문인으로 활동했는데, 문화대혁명 때 우파로 몰려 행방불명이 되었다고 해요."

최초 발굴자 인터뷰

이상규 시인은 우선 해방 직전에 죽은 무명 시인이 남긴 육필 원고들을 꼼꼼하게 살펴보기 시작했다. 그리고 스스로에게 자문해 보았다. 과연 심연수의 글들이 세상에 내놓을 만큼 문학적인 가치가 있는지. 그는 왜 모든 글을 동생에게 맡겼으며, 동생은 무엇 때문에 목숨처럼 지키려 했는지. 그런 의문을 풀기 위해 문학평론가와 방송 기자 등 친분이 있는 몇몇 전문가에게 요청을 하여 심연수의 발자취를 함께 쫓아 보기로 했다.

"저는 사업을 하다 마흔 아홉 살에 늦게 등단해서 시인이 되었어요. 시 창작을 누구한테 배우려 하지 않고 독학으로 덤벼들었지요. 김소월, 한용운, 윤동주… 여러 시인들이 쓴 시를 읽고 또 읽고 수백번을 읽었습니다. 윤동주의 시도 골백번을 읽었기 때문에 심연수 선생의 시를 보자마자 두 사람의 색깔이 다르다는 것을 금방 알아보았습니다. 윤동주 시인의 시가 섬세하고 서정적인 비장미가 돋보인다면 심연수 선생의 시는 아주 선이 굵어요. 포효하는 호랑이의 고독함 같은 것이 느껴집니다. 거침없는 호방함과 통쾌감도 있고, 때로는 모호함도 있고요. 시에 담아낸 감수성의 폭이 아주 넓어요. 제가 아는 평론가 중의 한 사람은 심연수 선생의 시는 김기림 계열의 모더니즘이라고 합디다만…"

이상규 시인은 심연수의 시뿐 아니라 일기와 수필 등에서 보여지는 패기 넘치는 청년의 산뜻한 기개도 높이 평가한다.

"글은 행복한 순간에 나오는 게 아닙니다. 고난 속에서 나오죠. 또 고난을 극복하려 노력하는 과정 속에서도 글이 나옵니다. 체념하지 않고 고난을 이겨낸 성취감을 자신만의 방식으로 진실하게 표현한 심연수 선생의 글은 문학적 가치가 크다고 봤습니다."

항아리에서 나온 심연수의 유고작은 양도 방대할 뿐 아니라, 소설· 희곡 등 다양한 장르의 글들이 포함되어 있다는 점을 지적한다. '문학의 대식가'란 표현을 쓰며 감탄하는 이상규 시인. 또한 심연수의 글들은 문학적인 가치 외에 역사적인 관점에서도 주목해볼 필요가 있다고 힘주어 말한다.

"심연수 선생의 작품은 1939년부터 1943년까지가 전부입니다. 그때는 일제가 우리 말을 못쓰게 해서 문학사적으로 암흑기 아닙니까? 그런데 불과 5년도 채 안되는 기간에 쓴 3백 편이 넘는 시에다 소설 7편, 평론 1편, 기행문 1편, 1940년도 1년치 일기, 편지 2백 통이 발굴되었습니다. 강릉에 있는 친척집을 오고 가면서 쓴 그의 기행문을 보면 1930년대 말 당시의 우리 한반도 상황을 잘 알 수 있어요. 또 심연수 선생의 일기나 편지 등을 보면 당시 일제가 우리 식민지 국민들에게 벌인 악랄함이 어땠는지 짐작할 수 있어요. 그런 것을 종합해볼 때 심연수 선생의 작품집을 내는 것은 문학적인 면만 아니라 역사적으로도 가치가 있다고 생각했습니다. 끝까지 한번 캐내 보고싶다는 의욕이 생겼지요."

심연수의 문학 작품을 수없이 반복하여 읽다 보니 글의 행간 아래에 깔린 민족정신에도 깊은 감명을 받았다는 이상규 시인. 그러자 심연수라는 인물이 더욱 궁금해졌다고 한다. 그의 안타깝고 억울한 죽음도 세상에 널리 알리고 싶은 욕심이 생겼다.

이상규 시인은 우선 기본적인 확인 과정에 착수했다. 심연수라는 인물이 실존했고, 어떤 인물이었는지. 그 글들은 과연 심연수 자신이 쓴 것이 맞는지. 심연수라는 인물을 역사적으로 평가하기 위해 필요한 고증 작업이었다. 먼저 북한에 있다는 유복자 심상용이 과연 심연수 선생이 이 세상에 남긴 유일한 자식이 맞는지 알아보기로 했다. 왜냐하면 그가 문화대학명 때 북한으로 탈출하기 전까지 첫째 삼촌이었던 심학수가 키웠기 때문이다.

심연수의 아내 백보배 재혼한 남편과 만난 이상규 시인 (오른쪽)

"심호수씨 말로는 형이 죽고 나서 몇 년 후 형수가 재혼을 했다고 해요. 심연수 선생의 유복자 심상용은 슬하에 아이가 없던 첫째 동생 심학수가 양자로 들여 키웠다고 하더군요. 그래서 이 사실도 확인해 볼 겸해서 심 선생의 부인 백보배가 재혼한 남편을 찾아갔습니다. 그 사람은 심연수의 동흥 중학교 동창생이었고, 모든 상황을 잘 알고 있었어요. 다 사실이었습니다."

그때 백보배는 이미 세상을 떠난 후였고, 남편만 혼자 용정에서 살고 있었다고 한다. 비록 그녀가 재혼 하면서 아들을 데려가지는 않았지만, 재혼한 남편의 배려로 심씨 일가와 가까이에 살면서 거의 키우다시피 했다는 것이다.

심호수씨 부부와 노년의 백보배(가운데)
그녀는 심연수가 죽은 4년 후에 재혼을 했다.
그러나 죽을 때까지 심연수 가족과 가까이 살면서
아들 심상용을 돌보았다고 한다.

"심연수 선생이 졸업한 동흥 중학교를 방문하여 졸업생 명단을 확인해 보기도 했어요. 선생은 미스모토란 일본 이름으로 개명되었더군요. 1939년부터 일제가 창씨개명을 강제로 시행했잖아요. 심연수 선생도 일본으로 유학가기 위해 어쩔 수 없이 개명을 했던 것으로 보입니다. 꿈을 이루기 위해 형식적이나마 일본의 정책에 동조해야만 했던 엄혹했던 시국을 감안하면 이해가 갑니다."

그후 이상규 시인은 심연수에 대한 다큐멘터리를 기획하는 방송기자 한 명과 함께 일본으로 갔다. 일본 생활의 발자취를 확인하기 위해서다. 그가 다녔다는 대학에 가서 졸업생 명단을 확인해보니 심연수의 이름을 찾을 수가 없었다. 대학 졸업생 명단에 기록되어 있지 않은 것은 당시의 시대적 상황에 주목해 보면 쉽게 이해가 된다는 것이 이상규 시인의 생각이다.

1941년에 일본은 하와이 진주만을 공습하며 태평양전쟁을 일으켰다. 그러나 초반에만 잠시 우세했을 뿐, 미국과 연합국의 대대적인 반격에 전황이 급격하게 기울기 시작했다. 전세를 만회하고 부족한 병력을 보충하기 위한 조치의 일환으로 일제는 1943년 8월 징병제를 공포하고, 10월에는 조선 대학생의 징집을 시행한다는 학병제를 발표했다.

"이런 절박한 시국에 조선 유학생이 일본 본토 내에서 졸업식에 참여한다는 것은 학생 징병에 순순히 따르겠다는 약속과 같았을 겁니다. 심연수 선생은 남의 전쟁에 끼여 억울한 죽음을 당하기 전에 부랴부랴 짐을 챙겨 도망치다시피 용정으로 돌아왔습니다."

이상규 시인은 이런 사실을 명확하게 확인해보려고 했다. 좀더 수소문 해본 결과, 심연수와 중학교와 일본 유학 시절을 함께 보낸 사람이 강원도 고성에 살고 있다고 해서 찾아갔다. 그는 심연수와 동흥 중학교 동창인 이덕균이란 사람이었고, 일본에서 와세다 대학을 다녔다. 그를 통해 심연수가 졸업 전에 서둘러 일본을 빠져나온 상황을 생생하게 알 수 있었다.

"당시에는 심연수 선생처럼 강제 징집 당하지 않으려고 서둘러 고향으로 돌아간 학생들이 많았다고 해요. 이덕균 선생에게 물어보니 당신은 우물쭈물 하다가 기회를 놓쳤다고 했어요. 결국 이 선생은 졸업을 하자마자 북해도에 있는 탄광촌에 끌려갔대요. 그곳에서 죽어라 노역을 하다가 해방된 후에야 고향으로 돌아왔다고 하더군요. 그렇다면 심연수 선생이 졸업자 명단에 기록되지 않은 까닭은 분명하죠. 태평양전쟁이 최고조에 달했을 때 일본은 학도병 징집을 엄격하게 했을 겁니다. 졸업장을 위해 일본에 남아 징집될 것인가. 이리저리 고민이 많았던 심연수 선생으로서는 앞날의 큰 뜻을 위해 용단을 내리지 않을 수 없었을 겁니다. 졸업을 포기하고 귀국하기로 말입니다. 일본으로서는 징병을 피해 도망쳤으니 괘씸죄에 해당될 것임에 틀림없었죠. 그 보복으로 졸업을 취소시키고 아예 학적부에서조차 삭제했던 것으로 보입니다."

 서울로 돌아온 이상규 시인은 몽양 여운형의 비서를 지낸 이기형 시인을 찾아갔다. 그가 쓴 《몽양 여운형 평전》에 일본에서 심연수와 함께 몽양을 만난 일화가 들어있어 그 내용을 직접 확인하기 위해서였다. 이기형 시인을 만나는 자리에 진보 지식인 임헌영 교수도 함께 했다. 문학평론가이자 〈민족문제 연구소〉 소장으로 있는 임교수는 심연수의 시에 녹아있는 민족의식과 저항정신을 높게 평가한 사람 중의 한 명이다.

 "1942년이었다고 해요. 일본에서 자신이랑 심연수 선생 둘이서 몽양 여운형을 만난 날을 어제 일처럼 생생하게 이야기해 주었습니다. 당시 여운형 선생은 일본에서 독립운동을 하는 학생들을 은밀하게 만나 항일 정신을 북돋아주고 다녔다고 합니다. 두 청년을 앞에 두고 당시에 돌아가는 세계 정세를 얘기해 주었다고 해요. 조만간 일본은 패망국이 될 테니 그때 이후를 준비하라고 했다더군요 그날 여운형 선생이 불러낸 학생은 심연수와 이기형 두 명뿐이었다고 합다. 징집 바람이 불자 이기형은 졸업도 안하고 미리 국내로 들어가 여운형 선생을 도왔고, 그때 심연수는 일본에 남아 있었다고 해요. 그후로 두 사람은 만나지 못했죠. 이기형 선생은 해방되고 나서 심연수가 만주 어딘가에서 죽었다는 소문을 들었다고 해요. 심연수와는 문학적으로도 잘 통했지만 사상적으로도 아주 잘 맞았다고 하더군요. 그 후 이기형 선생이 걸어온 길을 보시면 잘 알겠지만 얼마나 민족의식이 대단하신 분입니까? 20대 청년일 때 이기형 선생은 민족 의식 없는 사람과는 아예 대면조차 안했다고 해요. 그런 이기형 선생이 심연수 시인의 민족의식을 아주 높이 평가했어요. 그래서 몽양 여운형을 만나는 자리에 특별히 함께 나간 거 같습니다."

'시 쓰기를 좋아했던 정의로운 사내'로 심연수를 기억하는 이기형 시인의 카랑카랑한 목소리를 떠올리는 이상규 시인. 그로부터 10여 년이 지난 2013년에 이기형 시인이 97세로 세상을 떠났다는 신문기사를 읽고 가슴이 먹먹했다고 한다. 심연수의 짧은 인생을 기억하는 또 한 명의 사람이 사라졌기 때문이다.

"심연수 선생은 1943년에 쓴 〈고독〉을 끝으로 작품이 없어요. 그러니까 1943년 9월부터 1945년 8월 피살될 때까지의 기간에 쓰여진 시나 산문이 전혀 남지 않았다는 이야기입니다. 다작을 했던 선생이 2년여 동안 작품이 하나도 없는 건 신안진과 영안에서 쓴 글이 모두 사라진 결과입니다. 그 곳에서 분실되었거나, 피살된 춘양진에서 잃어버린 것으로 보여집니다. 심호수씨가 보관 중이던 작품 중에서도 아들 심상용이 책으로 출간하기 위해 어딘가에 맡겨 놓았다가 문화대혁명 때 북한으로 피신하는 바람에 분실된 것이 있다는 말도 들었습니다. 제가 확인한 바에 의하면 심호수씨가 보관 중이던 작품 스크랩북에서 여러 편의 작품들을 뜯어낸 자국을 직접 눈으로 볼 수 있었거든요."

이렇게 해서 심연수의 삶과 문학에 배인 강한 민족의식과 저항 정신을 확인한 이상규 시인은 심연수 선생의 유고집 출간을 후원하기로 했다. '제2의 윤동주'·'항일 시인'·'민족 시인'이라는 타이틀을 심연수의 이름 앞에 붙여도 될 만한 가치가 있다는 판단이 들었기 때문이었다. 곧바로 심연수의 유고작을 엮어 중국 연변인민출판사를 통해 책으로 출간했다. 그 책이 바로 《20세기 중국 조선족 문학사료전집 제1권-심연수편》이다. 2000년 8월 중순의 일이었다. 드디어 땅속 깊이 항아리에 갇혀있던 무명 시인 심연수의 삶과 문학이 밝은 햇살 아래로 그 모습을 드러낸 것이다. 시간과 공간을 뛰어 넘어….

심연수가 남긴 육필 원고를 모두 모은 사료집이 출간되면서 그의 삶과 문학 세계는 몇몇 국내외 언론의 주목을 받았다. 그런 뜨거운 관심 덕분에 심연수가 다녔던 용정의 소학교 교정에는 그의 시 〈지평선〉을 새긴 시비가 세워지기도 했다. 또한 심연수가 태어나고 어린 시절을 보낸 강릉에서도 적극적인 반응을 보였다. 심연수의 문학 세계를 조명하기 위한 '심연수 심포지엄'이 개최되었고, '한중 국제 심포지엄'까지 열렸다.

2001년 8월, 심연수가 다녔던 중국 용정의 소학교에 시비를 세워졌다.
〈지평선〉이 새겨진 시비 제막식에서 기념사를 하는 이상규 시인

"그 후에 제가 몸이 많이 아팠어요. 비행기를 타는 것도 쉽지 않아서 부득이 외부 활동을 덜하게 되었습니다. 다행히 심연수 선생의 선양 사업을 삼척 심씨 문중에서 이어받아 지금까지 활발하게 해오고 있어요. 심연수 시낭송 대회도 생겼고, 심연수 문학상도 생겼더군요. 감개가 무량하죠. 2018년에는 심연수 선생 탄생 100주년 행사를 강릉에서 크게 했어요. 그때는 저도 아픈 몸지만 참석하고 왔어요."

한용운·이육사·윤동주 등 일제 강점기 시절에 시로써 저항하며 살다간 사람들의 이름을 말하는 이상규 시인. 그들과 다름 없이 시로써 일제에 저항하며 항일 운동을 벌이다 짧은 생을 마감한 심연수라는 젊은 청년에 대해서도 많은 사람들이 관심을 가져주면 좋겠다고 말하면서 조용하게 웃는다.

2018년에 심연수 탄생 100주기 기념 행사가
심연수의 생가가 있는 강릉에서 열렸다.

    심연수와의 만남은 이상규 시인의 인생에 굵은 획을 그은 사건 중 하나였다. 20년 전, 28살의 젊은 시인 심연수는 60세를 바라보는 이상규 시인을 청년처럼 열정적으로 살게 만들었다. 삶도 인생 철학도 도도하게 흐르는 맑은 물결 같았던 심연수 시인을 심연에서 끌어올려 큰 바다로 나아갈 수 있도록 물꼬를 터준 이상규 시인. 그러나 정작 그는 예순이 넘은 나이에 문화사업이라는 새로 분야에서 젊은 시절의 열정을 다시 불 태울 수 있도록 해준 심연수라는 청년에게 감사의 인사를 하고 싶은 마음이다. 특히 고마운 것은 '심연수 발굴'이라는 과정을 통해 이상규 시인에게 새로운 인연이 많이 만들어졌다는 점이다. 심연수로 인해 맺어진 특별한 인연 중에는 민족작가 김학철도 있었다.

청년 심연수가 만나게 해준 또 하나의 인연,
〈조선의용대〉 출신 김학철 작가

"심연수의 문학 사료집을 내고 출판기념식을 연변의 한 문화회관에서 열었어요. 심연수 선생의 뜻을 기리기 위해 출판기념회 날짜를 2000년 8월 15일로 정했어요. 그날 김학철 선생이 참석을 했어요. 심연수 선생의 동생 심해수가 연변에서 문인으로 활동하다가 문화대학명 때 행방불명되었다고 했잖아요? 김학철 선생도 연변 문단에서 활동하면서 심해수와 친하게 지냈다고 해요. 그 심해수 친형의 출판기념회를 한다는 소식을 듣고 오셨더군요. 그분과의 만남도 제 인생에서 잊혀지지 않는 장면입니다."

김학철 시인의 인생도 한 편의 대하 드라마다. 불온했던 시대가 한 사람의 운명을 좌우한 탓이다. 지금 우리 역사에 김학철 시인은 항일 독립운동가이자 소설가로 이름이 알려져 있다. 자신이 살아온 거친 삶을 소재로 쓴 소설 《격정시대》와 약산 김원봉의 군사 조직 '조선의용대' 분대장 시절의 경험을 털어놓은 자서전 《최후의 분대장》은 김학철 시인의 굴곡진 인생의 역사를 담고 있다.

"김학철 선생은 우리 문학사에 보기 드문 정치 망명 작가입니다. 1930년대 중반에 상해로 건너가서 조선민족혁명당에서 활동했다고 해요. 그 후 김원봉 선생이 만든 조선의용대에 자원 입대해서 항일 무장투쟁을 벌였죠. 감옥에 갇히기도 했고, 전투 중에는 다리에 총을 맞았죠. 그런데 치료를 제대로 받지 못해 결국 다리 하나를 잘라냈어요. 김학철 선생이 살아온 이야기를 듣다보면 한편 영화 보는 것같아요."

《심연수 문학 사료집》 출판 기념식에 참석한 김학철 작가(왼쪽 사진의 좌측)
심연수로 인해 이상규 시인이 맺은 또 한명의 인연이 바로 김학철 작가다.

해방 후 좌우 대립이 심해지자 김학철 시인은 월북했다. 북한으로 간 그는 《노동신문》의 기자를 했는데, 김일성 정권에 환멸을 느끼고 중국으로 망명했다. 1949년에 중국 연변으로 간 김학철은 그곳에 정착해 본격적으로 글을 쓰기 시작했다. 그러나 김학철은 중국의 현대사에 휘말려 또다시 곤욕을 치러야만 했다. 불의에 눈감지 못하는 성격이 그의 인생을 한시도 가만두지 않았다. 모택동의 '대약진운동'을 비판한 그의 글이 문화대혁명 기간에 발각되어 1967년부터 10년 동안 형무소에 복역하는 시련을 겪었던 것이다.

심연수 출판 기념회에서 김학철 작가와 만난 후 계속 좋은 인연을 이어가려고 했다는 이상규 시인. 그러나 그 다음해에 그가 갑작스럽게 세상을 떠나게 되어 아쉬움이 남았다고 한다.

   "출판 기념회를 하고 나서 저는 다시 서울로 돌아왔어요. 몇 개월 지나서 김학철 선생한테서 불쑥 전화가 걸려왔습니다. 자기랑 같이 조선의용군에 몸담았던 윤세주 열사의 탄생 백주년 기념행사에 초청받아 서울에 왔다는 겁니다. 반가운 마음에 얼른 달려 나갔죠. 식당에서 함께 식사를 하고 숙소로 모셔다 드리는 차 안에서 김학철 선생이 복통을 일으켰어요. 그래서 급히 병원으로 모셨죠. 검사하는 도중에 식도가 파열되었고, 그것을 치료하는 중에 돌아가셨어요."

   85세에 세상을 떠난 김학철 시인의 갑작스러운 임종을 지켜봐야 했던 이상규 시인. 황망한 죽음을 또 한번 볼 수 밖에 없었다는 그는 그때가 떠오르는지 무거운 한숨을 내쉰다. 김학철 작가가 죽은 후, 굴곡진 삶을 살아온 그의 삶과 문학을 총 정리한 문학 사료집도 이상규 시인이 앞장서서 발간했다. 연변인민출판사에서 발행한 《20세기 조선족 문학사료집-김학철편》이 그것이다. 마지막으로 독백처럼 읊조리는 이상규 시인의 말을 옮겨본다.

   "문학의 근간은 소통, 젊은 시인 심연수는 불의에 저항함으로써 소통하려 했을 뿐…"

## 소정 이상규 시인에 대하여

**돈 없어 학업 포기한 경험 때문에 교육봉사 시작한 '진달래 시인'**

이상규 시인의 고향은 경기도 평택이다. 정미소를 운영하던 부잣집 아들이었는데, 갑작스럽게 집안 형편이 나빠져서 대학에 들어갈 때까지 무려 16번의 이사를 해야 했다. 고려대 생물학과 3학년 수료가 최종 학력인데, 여기에는 사연이 좀 있다. 고려대 생물학과 4학년 1학기를 채 마치기도 전에 피할 수 없는 선택의 기로에 서야 했다. 자퇴를 할 것인가, 빚을 내서 학교를 계속 다닐 것인가. 결국 그는 학업 대신 독일 광부가 되기로 결심했다. 당시 그의 가슴에 붙여진 번호는 '6013번'이다. 그런데 무슨 운명의 장난인지, 그때 동백림 사건이 터지면서 독일행이 취소되었다. 날짜를 받아 놓았는데, 졸업장과 돈만 날리고 다시 주저 앉았다.

졸업장이 없어 취직을 포기하고 귀향했다. 이것 저것 궁리하다가 특수 작물을 재배했는데, 경험과 기술 부족으로 6년간 손해만 보다가 결국 농사꾼 생활을 접었다. 그러던 중 우연하게 입사한 곳이 유제품을 만드는 '삼강'이란 회사였다. 생물학을 전공한 덕분에 유산균 관련 지식이 풍부했던 그는 유산균 관련 제품 기획과 영업을 총괄했다. 그후 몇몇 회사를 전전한 끝에 차린 것이 유업회사 대리점. 그마저도 10년지기 친구의 배신으로 부도 위기에 몰리게 되었다. 연일 술로 세상에 대한 원망을 키우다 어느 순간 술병 대신 시집을 들었다. 김소월, 한용운, 정지용…시 한 편을 수백 번도 더 읽었다. 마흔을 넘길 때까지 문학 언저리에도 가본 적이 없던 그였다. 1989년에 《동양문학》이란 잡지에 〈석류〉라는 시로 등단했다. 다음 해에는 첫 시집 《사랑의 비문》을 묶어냈다. 그 다음 해에는 당시 고등학교 3학년이던 딸과 함께 부녀 시집 《만나고 헤어지고 웃다가 울다가 그리고 다시 만나고》를 펴냈다. 좀 긴 제목의 이 시집은 단숨에 3만 부가 판매되어 언론에 많이 소개 되었고, 딸과 함께 방송에도 출연하며 얼굴을 알리기도 했다. 이후 6권의 시집과 수필집 냈고, 최근에는 그의 자서전 《고절한 포효》를 출간했다. 오랫동안 운영해온 식품회사는 진즉 아들에게 맡기고, 여든이 넘은 지금은 몸에 깃든 병과 친구로 지내면서 조용히 시간을 보내고 있다.

그가 심연수라는 젊은 시인을 만난 것은 조선족 청년들을 위한 교육 봉사를 시작한 덕분이다. 25년 전 자신의 시집이 연변의 출판사에서 발간되었고, 그때 조선족 청년의 어려운 현실을 알게 되었다. 돈이 없어 공부를 중도 포기했던 쓰라린 경험이 그를 장학사업으로 이끌었다. 대상은 중국의 조선족 학생들이었다. 시인의 호를 딴 '소정 장학금'을 만들어 집안 형편이 어려운 학생들에게 학비와 생활비를 지원해 주었다. 이 장학금의 혜택을 받는 학생들만 200여 명이 넘는다. 그는 이런 장학사업을 '교육봉사'라고 낮추어 말한다.

최근 그는 다시 시를 조금씩 쓰고 있다. 2012년부터 그의 시를 가사로 만든 가곡을 젊은 성악가들이 무대에서 부르기 시작했다. 지금까지 가곡으로 만들어진 그의 시는 모두 36편. 그중 많이 알려진 것이 〈진달래〉이다. 2012년 작곡가 정애련이 그의 시에 곡을 붙였고, KBS '더콘서트' 무대에서 여자 소프라노 강혜정이 부르면서 인기를 얻었다. 2017년부터 〈대한민국 진달래 가곡제〉라는 행사가 시작되었는데, 매년 〈진달래〉가 그 무대에서 불린다.

그가 잠 깨운 심연수 시인을 생각나게 하는 무대가 2018년에 있었다. 중국대사관 문화원의 주최로 세종문화회관에서 열린 '한중 우호 음악회'이다. 그날 행사에 우리나라 시인의 시로 만든 2곡의 가곡이 무대에 올랐다. 바로 윤동주의 〈서시〉와 이상규의 〈진달래〉였다.

윤동주는 늘 이상규 시인에게 심연수를 떠오르게 한다 그에게는 작은 소망이 하나 있다. 그것은 심연수의 시로 만든 노래가 윤동주의 가곡처럼 온 국민의 사랑을 받는 애창곡으로 널리 불리우는 꿈이다. 자신이 눈 감기 전에 그 꿈이 현실이 되길 간절히 바랄 뿐이라 말하며 웃는다.

마지막으로 이상규 시인의 시 〈진달래〉를 감상해 보자.

진달래

먼 산 진달래 필 때면
텅 빈 가슴 설움만 남아
이별의 아픔 곱게 물들어 갑니다

악몽 같은 그리움이
삶을 할퀴고 짓밟아 오면
우뢰쳐 불러보는 그대 이름
나는 목이 쉬었습니다

어느 때나 어디서나
꽃잎같이 피어나던 당신의 모습
굳어진 입가에 비로소
웃음이 환상처럼 번져납니다
아~ 꿈으로 일렁이는 진달래 향기
가슴 가득 품은 채
 눈 감아 봅니다
꿈으로 일렁이는 진달래 향기

# 덧붙이는 글

 심연수 시인의 유품은 동생 심호수가 평생 간직해 왔다. 심호수가 세상을 떠나자 그의 아들 심상만은 모든 유품을 강릉시에 기증하기로 마음 먹었다. 2017년 2월, 심상만과 강릉시는 '심연수 시인 육필 원고 보전을 위한 업무협약'을 맺었다. 사후 무려 76년만에 심연수의 유품이 고향 땅에 닿은 것이다.

 현재 국내에 있는 심연수 시인의 혈육은 친조카 심상만이 유일하다. 시인이 얼굴도 보지 못한 아들과 그의 후손들이 모두 북한에 살고 있기 때문이다. 연변에서 태어나고 성장한 심상만(1966년~ )은 기자 출신이다.《흑룡강 신문》길림성 취재본부에서 일하다 심연수 시인의 선양 사업을 돕기 위해 2018년 한국으로 돌아와 귀화했다.

 강릉에 살고있는 그는 심연수 시인의 시와 글이 세상에 널리 읽혀지길 바라고 있다. 또한 호방한 기개와 민족혼 충만한 삼촌의 저항시가 학생들의 교과서에 실려 오늘의 젊은이들과 함께 호흡하며 미래로 나아가길 소망한다.

심연수 시인의 동생 심호수(왼쪽)와 그의 아들 심상만
국내에 있는 심연수 시인의 유일한 혈육인 친조카 심상만은 중국에서 귀화해 강릉에 정착했다. 아버지의 평생 숙제였던 '심연수 알리기'에 애쓰고 있다.

 심연수가 민족 저항 시인이 되는데 가장 큰 영향을 준 사람은 삼촌 심우택이라고 심상만은 생각한다. 심우택은 연해주로 독립 운동하러 가기 전까지 작가로 활동했으며, 늘 책을 읽고 글을 썼다고 한다. 그런 모습이 어린 심연수의 뇌리에 남아 있었을 것이고, 연해주에서 삼촌이 들려주던 항일 애국지사 이야기도 그의 민족 의식과 저항심을 길러냈을 거라고 추측한다. 연해주 일대에서 항일 무장 투쟁을 하던 삼촌 심우택의 최후가 어떠했는지 심상만은 알지 못한다. 다만 그의 자손들이 지금 우즈베키스탄의 수도 타슈겐트에 살고 있다는 얘기를 아버지로부터 들은 적이 있다고 한다.

## 나가며

 어두운 세월을 관통하면서도 가슴 속의 등불을 꺼트리지 않으려 노력했던 심연수의 짧은 삶은 한 편의 웅장한 서사시입니다. '불온'한 시대에 '불안'한 마음을 원고지에 꾹꾹 눌러 담으며 두 주먹을 불끈 쥐었던 20대 젊은 청년의 삶은 아름다웠습니다. 아름다운 것은 부서지기 쉽다고 하지 않습니까? 짧고도 속절 없었던 그의 삶이 꼭 그러했습니다.

 '아름다운 청년' 심연수!

 냉혹했던 시대적 운명에 의해 찢겨진 한 청년의 삶은 사후 55년이 지나서야 꿈틀거리기 시작했습니다. 20년 전 세상 사람들이 심연수의 이름을 처음 불러 주었을 때, 그는 벌떡 일어서 나오지 못하고 주춤거렸습니다. 너무 오랫동안 들을 수 없었던 이름이었기 때문입니다. 그러나 그 후로 많은 사람들이 그 이름을 반복해서 불러주었고,

그의 시를 낭송했으며, 그의 저항 정신과 용기있는 행동에 찬사를 보냈습니다. 물음표가 붙어있던 그의 삶이 서서히 약동의 느낌표로 바뀌어 가고 있습니다.

### 편지

새로 뜯은 봉투에서 떨어지는
글자 없는 편지
아아! 그것은 간절한 사연
설움에 반죽된
눈물의 지문
떨리던 그 쪽마음
여기에 씌어졌구나

- 심연수 -

검정 교복을 입은 모습이 표지에 실린 이 책을 심연수 시인의 가슴에 안겨주는 상상을 해봅니다. 그가 살아 있었다면 한바탕 웃음을 터뜨린 후, 자신의 시 〈편지〉를 호탕한 목소리로 읊어주었을 것입니다.

그가 유품으로 남긴 많은 글들을 보면 심연수라는 청년의 짧은 삶은 쓰고 쓰고, 또 쓰다 간 인생이었습니다. 이렇게 일찍 죽을 줄 알았다면, 신혼의 아내와 얼굴도 보지 못한 배 속의 아들에게 마지막 편지를 틀림없이 남겼을 겁니다. 그러나 그는 사랑하는 사람들에게 편지 한 장 쓸 시간도 갖지 못한 채 황망하게 세상을 떠났습니다. 그렇게 일찍 죽을 줄 알았다면, 죽기 전에 세상 사람들에게 들려주고 싶었던 그의 간절한 이야기는 무엇일까요?

'생각하는 대로 살지 않으면 사는 대로 생각하게 된다'

일제에 나라를 빼앗겼던 시절, 조국을 되찾기 위해 고군분투했던 독립투사들은 이 말을 거사에 쓰일 단도처럼 가슴 속에 품었다고 합니다. 행동하는 지식인으로 살다 '젊은 죽음'이라는 칼날을 피하지 못한 심연수. 시공간을 뛰어넘어 지금을 살아가는 젊은이들을 향해서 외치고 싶은 그의 간절함도 혹시 이 말이 아닐런지요. 자신의 생각대로 살지 못하는 삶은 죽음과도 같은 삶이라고.

불의에 주춤거리지 않고 스스로 선택한 대로 살았던 그의 삶이, 요즘 사람들이 혹시라도 잃어버렸을 지 모를 용기를 되살리는데 도움이 되기를 바랍니다. 그리고 불온한 시대의 격랑 속에서, 누구보다 열혈 청춘으로 살았던 심연수 시인을 많은 사람들이 기억해 주면 좋겠습니다. 또 차갑고도 뜨거웠던 그의 삶 속에서 뿜어져 나왔던 글들이 도도한 물결이 되어 멀리 멀리 흘러가기를 바랍니다.

2020년 8월
권현희

**참고 자료**

⟨ 심연수 삶의 흔적이 남아있는 당시의 조선, 만주, 연해주 도시들 ⟩

## 참고 문헌

1. ≪20세기 중국 조선족 문학사료집 제1권 심연수편≫, 중국조선민족문화예술 출판사, 2004
2. ≪심연수 논문집≫, 강원도민일보 출판국, 2018
3. ≪심연수 평전≫, 이진모, (주)씨엔씨미디어콘텐츠, 2018
4. ≪세월 속의 서북간도와 조선인, 나의 생활≫, 이선호, 이지북스, 2005
5. ≪잊혀진 땅 간도와 연해주≫, 이윤기, 화산문화, 2005
6. ≪홍범도 장군 : 홍범도 일지와 항일 무장투쟁≫, 반병률, 파주:한울아카데미, 2014
7. ≪봉오동 청산리 전투의 영웅≫, 장세윤, 역사공간, 2007
8. ≪여운형 평전≫, 이기형, 실천문학사, 2004
9. ≪윤동주 평전≫, 송우혜, 푸른역사, 2004

## 난 심연수다

| | |
|---|---|
| 초판 1쇄 | 2020년 8월 14일 |
| 지은이 | 권현희 |
| 펴낸곳 | 비비트리북스 |
| 출판등록 | 2019년 9월 6일 제 379-2019-000100호 |
| 디자인 | 케이엠디자인 |
| 편집/교정 | 문진환 |
| 주 소 | 경기도 성남시 수정구 위례순환로 220, 5512-1602 |
| 팩 스 | 031-696-5210 |
| 이메일 | beebeetreebooks@naver.com |

Copyright ⓒ 권현희 2020, Printed in Seoul, Korea

ISBN 979-11-970232-2-4 [03990]
값 16,000원

- 이 책은 저작권법에 따라 보호받은 저작물이므로 무단 전제와 무단 복제를 금하며, 책 내용의 일부 또는 전부를 이용하려면 반드시 저작권자와 비비트리북스의 서면 동의를 받아야 합니다.
- 표지의 로고는 비비트리서체를 사용하여 제작하였습니다.
- 잘못된 책은 구입처에서 교환해 드립니다.

이 도서의 국립중앙도서관 출판예정도서목록(CIP)은 서지정보유통지원시스템 홈페이지(http://seoji.nl.go.kr)와 국가자료공동목록시스템(http://www.nl.go.kr/kolisnet)에서 이용하실 수 있습니다.(CIP제어번호: CIP2020016835)